읽으면 진짜 재무제표 보이는 책

구구절절 설명 없이 꼭 필요한 핵심만 전달

읽으면 진짜 재무제표 보이는 책

유흥관 지음

위즈덤하우스

회계?

"

회계 자료만 보면 머리가 아파요. 도대체 무슨 말인지 모르겠어요.

"

재무제표?

실적 떨어졌다고 계속 지적당하는데
정확히 어디가 문제인지를 알아야 변명이라도 하지요.

"보면 알아?"
"대강 다 알겠는데요.
재무제표만 빼고."
"그게 다인데
그걸 빼면 어떡합니까?
장 팀장님…" *

〈미생〉에 나오는 말처럼, 웬만한 건 다 알겠는데
재무제표에 빼곡한 그 숫자들은 아무리 봐도 모르겠습니다.

* 드라마 〈미생〉 12화

회사에서는
했던 일과 할 일을 숫자로 이야기합니다.
직원인 나를 평가할 때도 결과가 숫자로 제시되지요.

재무제표가 회사의 전부라는데
나로선 그 숫자들이 무얼 의미하는지 당최 모르겠습니다.

모르는 게 약이라는 말도 있잖습니까?
그 말에 기대서 마음을 편하게 가져보려고도 해봅니다.
모르고 살면 편한 것도 많으니까요.

하지만 어떤 것들은 그냥 넘어가 주지 않고
기어이 알 때까지 내 발목을 붙잡고 늘어집니다.
제발 재무제표가 그 과가 아니면 좋으련만….

회사에선 혼자 할 수 있는 일이 별로 없습니다.

다른 사람들은 내 생각대로 움직이지 않고,
내 생각을 제대로 이해하지 못합니다.

다른 사람들이 하는 일을 내가 이해하고,
내가 하는 일을 다른 사람들에게 이해시키려면
공통의 언어가 필요합니다.

감정이나 주장이 아니라
누구나 알아볼 수 있고, 객관적으로 검증할 수 있으며, 믿을 수 있는
확실한 언어여야 하죠.

그게 바로 숫자입니다.

2는 2일 뿐 3이나 7로 오해할 소지가 없으니까요.
2가 도출된 과정도 더하거나 빼거나 곱하거나 나누었을 뿐
'열심히' 노력했다거나 '최선을' 다했다거나 하는 식으로
만들어낸 건 아니니까요.

회사생활 잘 하려면 가장 먼저 이 언어에 능숙해져야 합니다.

〈미생〉의 재무본부장도 이렇게 말하지 않던가요?

"그래 빨리 배워둬!
회계는 경영의 언어니까"*

* 드라마 〈미생〉 7화

무엇부터 배워야 하나요?

어디서부터 손을 대야 하나요?

공부하려고 책을 펴니 한숨만 나와요.

이 나이에 이 어려운 걸

다시 공부해야 한다니

재미도 없고 딴생각만 들어요.

바로 지금,
무엇보다 필요한 건,

재무제표
읽기!

재무제표는 성적표입니다.

회사가 어떻게 돈을 벌었고
재산과 빚의 상태는 어떤지 알려주는,
전문가가 아니라
우리를 위한 자료입니다.

그래서 우리가 볼 수 있도록
인터넷이나 회의를 통해 공유하는 겁니다.

재무제표 누구나 읽을 수 있습니다!

심지어, 쉽고 재미있기까지 하지요!

매직 차트 5로
숨은 매력을
하나씩 꺼내
보여드리겠습니다.

지금
시작
합니다
!

CONTENTS

MAGIC 2 ✶ 손익계산서
돈이 되는 사업인가?

MAGIC 3 ✶ 재무상태표: 자산
회사의 자산은 적절하게 구성되어 있는가?

MAGIC 4 ✳ 재무상태표: 부채
회사가 망할 위험은 없는가?

MAGIC 4′ 부도 가능성 체크
망할 회사는 뭐가 다른가?

MAGIC 5 ✳ 재무상태표: 자본
회사의 본질적 가치는?

INTRO

재무제표란
무엇인가?

재무제표는
경영활동의 요약표다!

회사에 다니면서 재무상태표(대차대조표)나 손익계산서라는 말은 한 번씩 들어보셨을 겁니다. 이런 표들을 재무제표라고 합니다. '재무 상황을 보여주는 여러 표'라는 뜻이지요. 그런데 이런 복잡한 표들이 왜 필요할까요?

가령 치킨집을 운영하는 사장님이 있다고 생각해봅시다. 장사가 잘되어 분점을 냈어요. 이 사장님은 매일 분점을 방문해서 그곳 매니저에게 물어볼 겁니다.

"오늘 매상이 얼마인가요?"

그러면 매니저가 대답하겠지요.

"네. 100만원 정도 됩니다."

치킨집 사장님은 매출액을 알면 그날 돈을 얼마나 썼고 얼마나 벌었는지 단번에 알 수 있습니다. 그간의 경험이 있으니 감으로 아는 거지요. 하지만 1년 치 매출도 이런 식으로 계산하는 사장님은 많지 않습니다. 매니저가 날마다 얘기해준 금액을 모두 더하면 되지 않느냐고요? 물론 맞습니다. 그런데 감으로 대충 이해한 금액에는 어느 정도 오차가 있다는 얘기입니다. 그 오차 금액은 횟수가 많아질수록 점점 더 커지겠지요. 한마디로, 정확하지 않다는 뜻입니다.

그래서 매출을 어느 정도 올렸는지 정확히 집계하고 그 매출을 내기 위해 사용한 돈이 얼마인지도 계산합니다. 이것이 바로 첫 번째 재무제표인 손익계산서입니다. 즉 매출액과 거기 들어간 돈, 그래서 회사가 남긴 이익을 계산하는 표입니다.

이렇게 실적을 계산한 다음에는 재산과 빚이 얼마나 있는지 궁금할 겁니다. 3억원의 재산이 있고, 빚이 1억원 있다면 순수한 재산은 2억원이지요. 이를 보여주는 것이 두 번째 재무제표인 재무상태표(대차대조표)입니다. 어느 시점의 자산과 부채를 집계해서 회사가 가진 순수한 재산인 자본이* 어느 정도인지 확인해줍니다.

경영활동　　　　　요약활동
　　　　　　　　회계　　　　　　재무제표

영업실적　　　⟶　　　**손익계산서**
　　　　　　　　　　　　얼마를 팔아서
　　　　　　　　　　　　얼마를 남겼는가?

재산상태　　　⟶　　　**재무상태표**
　　　　　　　　　　　　재산은 얼마며,
　　　　　　　　　　　　빚은 얼마인가?

* 순수한 재산＝순수한 자산＝순자산＝자본＝자산－부채

재무제표,
어디서 찾나요?

재무제표는 어디서 찾을 수 있을까요? 직원이라면, 재무를 담당하는 부서에 물어보면 됩니다. 그렇다면 남의 회사는요? 여기서 나누어집니다.

누가 당신한테 재산이 얼마냐고 물어보면 '별 이상한 사람 다 보겠네' 하면서 선뜻 대답해주지 않을 겁니다.

회사도 마찬가지입니다. 외부 사람이 뜬금없이 찾아와 회사 재무제표를 달라고 하면 의심의 눈초리만 보낼 뿐 순순히 내줄 가능성은 크지 않습니다.

만약 회사 규모가 작다면 재무제표를 비공개로 해도 크게 상관이 없습니다.

그런데 큰 회사라면 이야기가 달라집니다. 회사와 관련된 사람이 매우 많기 때문입니다.

내부 종업원은 물론이고, 돈을 빌려주는 은행이나 외상으로 물건을 넘겨야 하는 거래처로서는 회사에 문제가 있지는 않은지 궁금해합니다.

큰 회사에 대해서는 정부 차원에서도 신경을 씁니다. 회사에 문제가 생겨 무너지면 실업이나 연쇄 도산 등 여러 문제가 발생하니까요.

그래서 만든 것이 공시제도입니다.

주식시장에 상장한 회사 또는 전년도 말 자산 120억원이 넘는 회사처럼 일정 규모 이상의 회사는 외부 전문가의 감사를 받고 재무제표를 공개적으로 게시하도록 한 것입니다. 이를 위해 금융감독원에서 전자공시시스템(DART)을 마련했고, 이 사이트를 방문하면 누구나 재무제표를 열람할 수 있습니다.

한편 상장사처럼 다수의 주주가 있는 경우에는 회사 홈페이지나 포털에서도 재무정보를 제공합니다. '투자정보', 'IR(Investor Relations)' 등의 이름으로 된 메뉴를 클릭하면 재무제표나 요약정보를 쉽게 얻을 수 있습니다.

예를 들어 삼성전자 홈페이지에서 많은 자료를 얻을 수 있습니다.

회사   **재무제표**

작은 회사   ⟶   **내부자료**
                                      외부인 이용 어려움

큰 회사   ⟶   **금융감독원 전자공시**
                                      상장사는 포털, 홈페이지

직접 찾아봅시다

간단히, 휴대전화로 검색하는 방법을 소개하겠습니다.

포털에서 '전자공시'를 검색해서 금융감독원 전자공시시스템으로 들어갑니다.

검색창에 회사명을 입력하고 검색 버튼을 클릭하면 여러 가지 자료가 뜹니다. 그런데 이걸 다 읽기는 어렵습니다.

왼쪽 메뉴바를 보면 '상세검색'이 있어요. 이 버튼을 누르고 들어갑니다. 그런 다음 공시유형에서 '정기공시' 또는 '외부감사 관련'을 눌러 검색하면 해당 리스트가 나옵니다.

대부분의 회사는 감사보고서로 검색할 수 있지만, 몇몇 회사는 사업보고서를 통해서 재무제표를 입수해야 합니다. 상장사들은 사업보고서에 감사보고서가 포함되어 있고 감사보고서 안에 재무제표가 들어 있어서 처음에는 찾기가 좀 어렵습니다.

비상장사

상장사

Reference 📊

외부감사와 감사보고서

'재무제표 찾는다더니 웬 감사보고서?'라고 하시는 분들이 꽤 될 것으로 보입니다. 그 이유는 이렇습니다.

재무제표는 외부인이 만들 수 없습니다. 매출이나 재산 상태를 확인할 수 있는 회사 내부 사람이 만들 수밖에 없죠. 이렇게 만들어진 재무제표는 외부 사람들이 보기에 신뢰도가 낮을 수밖에 없습니다. 아무래도 잘한 것은 부풀리고 못한 것은 축소하려 할 테니까요. 그래서 외부 전문가에게 검증을 받아 신뢰할 만하다는 확인 과정을 거쳐야 합니다. 그런 다음에야 전자공시시스템에 공시할 수 있습니다. 재무제표를 외부감사인이 발행한 감사보고서와 함께 공개하는 것이죠.

작은 회사(비외감법인): 재무제표만

법에 의해서 의무적으로 감사를 받지 않아도 되는 작은 회사들을 비외감법인이라고 합니다. 이 회사들은 외부 이용자들에게 재무제표만을 제공할 가능성이 크죠. 의무사항도 아닌 터에 굳이 외부감사를 받으려 하지는 않을 테니까요. 하지만 감사되지 않은 재무제표는 상대적으로 신뢰도가 낮다고 판단할 수 있습니다.

큰 회사(외감법인): 감사보고서(재무제표)

법률에 따라 외부감사를 받아야 하는 법인을 외감법인이라고 합니다. 이 회사들은 재무제표에 감사보고서를 첨부해서 좀더 신뢰도 높은 재무정보를 제공해줍니다.

아주 큰 회사(상장사 등): 감사보고서(재무제표) + 연결감사보고서(연결재무제표)

상장사 등 일정 법인들은 국제회계기준을 따라야 합니다. 국제회계기준에서는 각 회사의 재무 상황을 정리한 재무제표 이외에 자회사와 모회사를 하나의 회사인 것처럼 연결해서 재무제표를 만들 것을 요구합니다. 그리고 이 연결재무제표를 기본 재무제표로 공시하도록 하고 있습니다. 그래서 상장사의 감사보고서는 각사 감사보고서와 연결재무제표를 감사한 연결감사보고서*로 구성되어 있습니다.

재무제표는 종류에 따라 저마다 특성이 있으므로 이런 점들을 고려해서 읽어야 합니다.

---

* 연결감사보고서는 연결재무제표에 대한 감사보고서입니다. 연결재무제표는 해당 회사 자회사의 실적도 포함해서 재무제표를 만든 것입니다. 회사의 규모가 커지다 보면 내부 거래가 많아지기도 합니다. 예를 들어서 자회사의 매출액이 100억원이고 모회사의 매출액이 200억원이라면 이 그룹의 외형이 300억원 정도라고 생각할 수 있습니다. 그런데 만약 자회사의 매출이 전부 모회사에 대한 판매로 이뤄진 것이라면 이 회사의 외형은 모회사의 매출인 200억원으로 봐야 합니다. 그래서 내부 거래를 제외하고 모회사 입장에서 연결된 재무제표가 필요한 것입니다.

재무제표

외부감사 ✕

비외감법인

감사받지 않은 재무제표는 회사의 주장이 외부인으
로부터 검증되지 않은 것이므로 이용 시 주의 필요

감사보고서(재무제표)

+ 외부감사 ○

외감법인

외부감사 의견을 참고할 수 있어서 신뢰도가 높음

감사보고서(재무제표)
+ 연결감사보고서(연결재무제표)

상장사 등

+ 연결재무제표

모회사와 자회사를 연결해서 한 회사인 것처럼 만든
재무제표

재무제표, 무엇부터 봐야 하나요?

제대로 공부하려면 좋은 질문을 해야 한다는 말이 있습니다.

그래서 질문해봤습니다.

'재무제표를 공부하려는 사람이 손을 번쩍 들고 가장 먼저 무엇을 봐야 하느냐고 묻는다면, 뭐라고 대답해야 할까?'라고요.

저 같으면 질문하는 사람이 누구인지부터 보겠습니다.

질문자가 돈을 빌려준 은행이라면 "이 회사가 망할 위험을 확인하려면 어디를 봐야 하나요?"라는 의미겠지요. 친구의 조언을 듣고 주식투자를 하려는 사람이라면 "망할 때 망하더라도, 나중에 이 회사가 성장해서 주가가 오를 수 있는지 알려면 어디를 봐야 하나요?"일 거고요. 또 만약 경영자가 질문한다면 "우리 회사가 제대로 경영되고 있는지 알려면 어디부터 봐야 합니까?"라는 뜻일 겁니다.

어떤 부분은 너무 전문적이고, 어떤 부분은 상황에 따라 다른 해석이 나올 수 있습니다.

같은 영화를 보고도 사람들은 저마다 다른 걸 느끼지 않습니까? 호불호가 나뉘기도 하고요.

하지만 보편적으로 인기 있는 영화도 많습니다. 대부분 사람이 공통으로 좋아하는 요소들이 있다는 얘기입니다.

재무제표는 그것을 보려는 의도와 상황, 목표에 따라서 다르게 읽힐 수 있습니다.

하지만 보편적으로 이해되는 부분도 있습니다. 어떤 부분이 좋게 나오면 '이 회사 괜찮다'라고 판단할 수 있는 것 말이지요.

그래서 질문도 사람들이 보편적으로 궁금해하는 것들로 추려봤습니다.

1. 회사의 현재 재산 상태는?
2. 회사의 사업은 돈이 되는가?
3. 회사의 자산은 적절히 구성되고 효율적으로 활용되고 있는가?
4. 회사가 망할 위험은?
5. 회사의 가치는 얼마인가?

이 다섯 가지 질문에 대한 답을 재무제표를 통해서 찾아볼 것입니다.
이를 효율적으로 진행하기 위해서 5개의 차트를 준비했습니다.
이것이 바로 재무제표를 마스터하게 해주는 매직 차트입니다.

MAGIC
1

재무상태표

★★★

회사의
현재 재산
상태는?

"숫자가 한눈에 들어와야 돼.
액수의 단위 변환이 바로바로 이루어져야 돼."

"모양이 들어와야 한다, 수 싸움은 그 다음…."

"형태를 익혀라.
그리고 그 형태의 빈틈과 약점을 끊임없이 연구해라.
바둑처럼 한눈에 알 수 있는 틀을 구축하는 거다."

* 드라마 〈미생〉 12화

!
CHECK POINT

✔ 현재 재산 상태?

✔ 자산? 부채? 자본?

만일 치킨집을 운영한다면?

은행에서 1억원을 차입하고 내 돈 2억원으로
3억원짜리 치킨집을 인수했다고 가정해봅시다.
치킨집 3억원은 전부 내 재산일까요?
물론 치킨집은 100% 내가 마음대로 사용할 수 있는 자산입니다.

영업에 사용할 수 있는 자원이라는 측면에서는 치킨집이 100% 내 것입니다.
은행에 갚을 돈이 있다고 해도 내가 사업을 하는 데 어떤 제약도 없습니다.
치킨을 된장에 담가 팔든 게장 양념을 묻혀 팔든 내 마음입니다.
3억원 자산 모두 내 마음대로 할 수 있는 내 재산입니다.

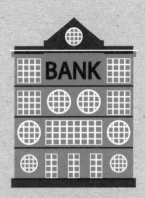

한편으로, 소유권을 고려하면 외부인의 몫이 섞여 있습니다.
은행에서 빌린 돈 1억원은 반드시 갚아야 합니다.
즉, 치킨집이 모두 내 것은 아닙니다.

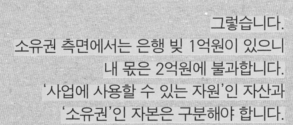

그렇습니다.
소유권 측면에서는 은행 빚 1억원이 있으니
내 몫은 2억원에 불과합니다.
'사업에 사용할 수 있는 자원'인 자산과
'소유권'인 자본은 구분해야 합니다.

자산＝부채＋자본

은행에 돈을 빌리러 갔다고 가정해봅시다.

은행은 담보로 내놓을 자산이 있는지 물어볼 것입니다.

그리고 그 자산에 미리 담보로 잡힌 금액이 있다면 이를 제외한 금액을 기준으로 대출 가능

금액을 판단할 것입니다.

나의 재산은 내가 가지고 있는 재산적 가치가 있는 모든 것에서 남에게 갚아야 할 의무인

빚을 차감한 금액이 됩니다.

예를 들어 내가 갖고 있는 3억원의 치킨집에 은행 대출 금액 1억원이 있다면

나의 순재산은 2억원이 됩니다.

즉, 내가 가지고 있는 재산(자산)에서 빚(부채)을 차감한 것이 순수한 내 재산(자본)입니다.

"자산 - 부채 = 자본"

자산을 기준으로 정리하면 다음과 같이 됩니다.

"자산 = 부채 + 자본"

바꿔 말하면, 내가 갖고 있는 자산은 순수한 내 것과 남의 것으로 나누어서 볼 수 있다는 것입니다.

나에게 3억원의 치킨집과 은행 차입금 1억원이 있다면,

3억원에서 1억원을 차감한 2억원이 나의 순수한 재산이라고 볼 수 있습니다.

그런데 이를 3억짜리 치킨집의 소유권이 1억원은 은행에, 2억원은 사장인 나에게 있다고

볼 수도 있습니다.

자산 ― 부채 = 자본

재무상태표_ 일정 시점의 재산 상태

앞에서 보여준 그림에 'T' 자만 그리면 표가 됩니다. 이 표를 재무상태표라고 합니다.

(용어가 바뀐 지 꽤 됐는데 여러 법령 등에서 아직도 대차대조표라고 쓰고 있어서 많은 사람이 대차대조표라

하기도 합니다.)

이때 기억해야 할 것이 있습니다. 내가 가지고 있는 재산이 날마다 바뀔 수 있다는 것입니다.

내 지갑에 어제는 5만원이 있었지만, 오늘은 3만원으로 줄었을 수도 있고 10만원으로

늘었을 수도 있는 것처럼요.

재산을 측정할 때는 날짜를 정해서 특정 시점에 가지고 있는 것을 측정해야 합니다.

그래서 재무상태표에는 항상 날짜가 기록되어 있습니다.

그 시점의 회사가 가지고 있는 자산과 부채를 측정하고 남은 부분은 주주 몫인 자본으로

표시합니다.

정리하면, 재무상태표는 말 그대로 '일정 시점의 회사 재산 상태를 나타내주는 표'입니다.

[재무상태표]

○○○1년 12월 31일 현재

(단위 : 억원)

실물	소유권
자산 **3**	부채 **1**
	자본 **2**

Practice

삼성전자의 재무상태표

실제 재무제표를 통해 살펴봅시다.

스마트폰으로 찾는 것은 앞서 해봤으니 이번에는 PC 버전으로 해보겠습니다.

먼저, 금융감독원 전자공시시스템(dart.fss.or.kr)에 들어갑니다.

회사별 검색에서 삼성전자를 입력하면 여러 가지 리스트가 뜹니다.

이 중에서 재무제표가 포함되어 있는 것은 크게 감사보고서와 사업보고서입니다.

그런데 분기보고서와 반기보고서라는 게 있군요. 이건 뭘까요?

1년을 넷으로 나눠 그중 하나를 분기라 하고, 이는 3개월에 해당합니다.

1년을 둘로 나눠 그중 하나를 반기라 하고, 이는 6개월에 해당하죠.

분기와 반기 단위로도 재무제표를 공시하는데, 이를 분기보고서, 반기보고서라고 합니다.

2016년도 사업보고서 안에 첨부된 감사보고서를 클릭해서 들어가면 다음과 같은
표가 나옵니다.

바로 48기인 2016년의 재무상태표입니다.

재 무 상 태 표

❶ 제 48기 : 2016년 12월 31일 현재
제 47기 : 2015년 12월 31일 현재

삼성전자주식회사   (단위 : 백만 원)

과목	주석	제48(당)기		제47(전)기	
자산					
Ⅰ. 유동자산			69,981,128		67,002,055
1. 현금및현금성자산	4, 6, 7, 31	3,778,371		6,062,960	
2. 단기금융상품	5, 6, 7, 31	30,170,656		27,763,589	
3. 단기매도가능금융자산	6, 9, 31	–		3,021,210	
4. 매출채권	6, 7, 10, 31	23,514,012		20,251,464	
5. 미수금	10	2,319,782		2,314,823	
6. 선급금		814,300		1,105,216	
7. 선급비용		2,375,520		1,980,305	
8. 재고자산	11	5,981,634		6,578,112	
9. 기타유동자산		743,163		847,303	
10. 매각예정분류자산	33	283,690		77,073	
Ⅱ. 비유동자산			104,821,831		101,967,575
1. 장기매도가능금융자산	6, 9, 31	913,989		3,205,283	
2. 종속기업, 관계기업 및 공동기업 투자	12	48,743,079		44,107,398	
3. 유형자산	13	47,228,830		44,107,398	
4. 무형자산	14	2,891,844		3,407,229	
5. 장기선급비용		3,507,399		3,845,119	
6. 순확정급여자산	17	557,091		56,174	
7. 이연법인세자산	28	110,239		865,903	
8. 기타비유동자산		869,360		1,331,840	
자산총계		**❷** 174,802,959		168,969,630	

재무상태표 읽기

막상 재무상태표를 보면 막막할 수도 있습니다. 토씨는 하나도 없고 딱딱한 명사에 숫자, 그것도 자릿수가 엄청난 큰 숫자들만 빽빽한 표니까요.

한 페이지로 딱 끝나면 그나마 맘 잡고 한번 도전해보겠는데 계속 이어지니 읽을 엄두가 나지 않습니다.

하지만 지레 겁부터 먹을 필요 없습니다. 하나씩 의미를 이해하면서 읽어보면 뜻밖에 재미도 있습니다!

찬찬히 분석해볼까요?

재무상태표는 일정한 시점의 재산 상태를 나타내는 표라고 했지요? 재산 상태는 자산과 부채와 자본으로 구분하며, 부채와 자본의 합계는 자산과 일치한다고 배웠습니다.

그럼 맞는지 봅시다.

재 무 상 태 표

제 48기: 2016년 12월 31일 현재
제 47기: 2015년 12월 31일 현재

삼성전자주식회사   (단위: 백만원)

과목	주석	제48(당)기	
자산			
자산 총 계			174,802,959 ❶
부채 총 계			37,256,197 ❷
자본 총 계			137,546,762 ❸
부채와 자본 총 계			174,802,959

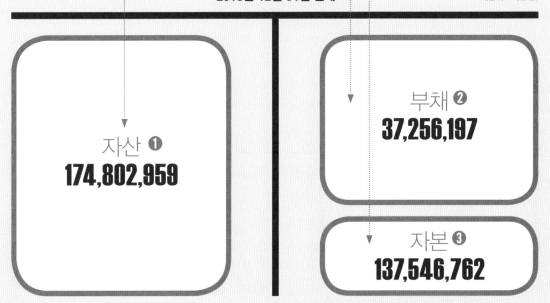

[재무상태표]

2016년 12월 31일 현재   (단위: 백만원)

자산 ❶
174,802,959

부채 ❷
37,256,197

자본 ❸
137,546,762

딱 떨어지지요? 이렇게 쉽습니다.

그런데 숫자가 커서 얼른 감이 안 옵니다. 단순하게 만들어야 이해가 쉽습니다.

그럼 가장 큰 숫자가 세 자릿수를 넘지 않도록 단위를 '조원'으로 바꿔볼까요?

예를 들어 자산이 174,802,959백만원이므로 이 중에서 숫자 3개만 남기고 지우면

이렇게 됩니다.

$$174,802,959백만원 \ = \ 175조원$$

이렇게 수정하면 다음의 재무상태표가 완성됩니다.

[재무상태표]

2016년 12월 31일 현재

(단위: 조원)

| 자산 175 | 부채 37 |
| | 자본 138 |

이렇게 정리하면 이전보다는 읽기가 쉽습니다. 그래도 감이 오지 않습니다.

'조'는 우리가 일상에서 잘 접하지 않는 숫자니까요. 이때는 실제 단위를 나에게 친숙한 단위로 바꾸는 게 좋습니다.

예를 들어 '억'이라는 숫자는 그래도 꽤 감이 오지요? 끝자리 숫자를 올림해서 이렇게 표현해보는 겁니다.

'친구 집이 18억원 정도의 땅을 가지고 있고 ·

은행 대출금이 4억원이 있다면

14억원 정도의 순재산을 가지고 있겠구나.'

이렇게 하면 처음처럼 막막하지는 않습니다.

사실 회계는 어려울 게 없습니다.

투자를 위해서든 거래를 트기 위해서든, 어떤 회사에 대해 궁금해하는 사람이 많습니다. 하지만 회사가 그 사람들에게 일일이 정보를 제공할 수는 없습니다. 사람마다 알고 싶어 하는 내용이 달라 이에 응하려면 직원을 따로 둬야 하니까요. 당연히 이는 인건비의 증가를 부르고, 회사로선 달갑지 않은 일이죠. 또 그렇게 전달받은 정보가 왜곡되지 않는다는 법도 없습니다.

그래서 사람들이 궁금해하는 대표적인 항목들을 표준화된 양식으로 만들어서 전달하면 어떨까 하고 생각하게 된 것입니다. 그렇게 만들어진 양식이 바로 재무제표입니다.

사람들이 가장 많이 물어보는 것 중 하나가 회사의 재산(자산)과 빚(부채)이 얼마나 되느냐입니다. 그래서 일정한 시점의 재산 상태를 정리하도록 했고, 그 뜻 그대로 '재무상태표'라는 이름을 붙였습니다.

재무상태표는 처음에 보면 대단히 복잡합니다. 그러니 단순화해서 보는 겁니다. 내가 사업을 위해 활용할 수 있는 자산의 총액, 남에게 갚아야 할 부채, 순수한 내 재산으로 정리하는 거지요. 이렇게 하면 현재 상황에 대한 큰 그림이 그려집니다.

특히 내 돈인 자본과 남의 돈인 부채의 상대적인 비율을 보면 장기적으로 회사가 재무적 위험에 처할 가능성이 있는지를 알 수 있습니다. 많은 사람이 그 정보를 알고 싶어 했습니다. 그래서 부채와 자본의 비율에 이름을 붙이고 실무에서 많이 쓰게 되었습니다. 즉 부채비율이란 부채를 자본으로 나눠 백분율로 나타낸 것입니다.

MAGIC CHART 1

안전성 체크!

✓ 부채비율 $= \dfrac{\text{부채}}{\text{자본}}$

[재무상태표]

년 월 일 현재

❶

(단위 :   )

❷

자산

부채

자본

❶ 숫자가 너무 크면 감을 잡기 어렵습니다. 조원이나 억원, 백만원 등의 단위로 짧게 만들면 대략적으로 이해하는 데 도움이 됩니다. 매직 차트를 작성할 때는 숫자가 3개를 넘지 않도록 작성하는 게 좋습니다. 매출액이 10,000,000,000원이면 단위를 억원으로 하여 100으로 기재해야 한눈에 들어옵니다.

❷ 우리 회사나 다른 회사의 재무제표를 펼쳐보고 그중 재무상태의 자산, 부채, 자본의 각 금액을 적어봅시다. 자잘한 항목 무시하고 합계 금액만요.

MAGIC

2

손익계산서

돈이 되는
사업인가?

기본적으로 장사를 해서 돈이 얼마가 남았는지도 중요하지만,

돈을 어떻게 써서 돈을 벌었는지를

확인해야 합니다.

즉 회사가 매출액과 영업이익, 그리고 판관비 중

어떤 항목에 자원을 집중했느냐를 봐야 합니다.

!

CHECK
POINT

✔ 손익계산서?

✔ 수익? 비용?

✔ 올해 재무상태표?

손익을 따져봅시다!

장사는 돈을 벌기 위해서 합니다.

돈을 벌려면 먼저 돈을 써야 합니다.

설비도 갖추고, 직원도 고용하고, 재료를 사서 제품을 만들어야

그걸 판매해서 돈을 벌 수 있습니다.

회사에서는 물건을 생산하고 판매하는 것 말고도 다양한 활동을 합니다.
이 모든 활동이 돈을 벌기 위해서 하는 일이고, 이런 활동들이 효과적인지 아닌지에 따라
회사는 성장하거나 후퇴하게 됩니다.
손익계산서는 돈을 어떻게 벌고 있는지, 어디에 돈을 썼는지 확인해주는 표입니다.

간단히 말해서,
판매를 통해 들어온 돈(수익)과
판매를 위해 쓴 돈(비용)의 차이가
번 돈(이익)입니다.
이 수익과 비용을 기간 단위로 정리한 것이
손익계산서지요.

영업활동_생산과 판매

영업활동은 복잡한 게 아닙니다.

치킨집이 치킨 1마리를 1만원에 만들어서 2만원에 팔았다면,

매출액은 2만원 매출원가는 1만원이 됩니다. 1마리당 1만원이 남은 겁니다.

이 과정에서 생닭을 치킨으로 만드는 과정이 필요한데, 이를 생산활동이라고 합니다.

물건을 만들어 파는 업종이 아닌 곳에도 돈을 벌기 위해 들어가는 돈이 있습니다.

예를 들어 미용실이라면, 물건을 만들지는 않지만 염색을 해줄 때 염색약값이 들어갑니다.

단순히 물건을 사다 파는 경우에도 사 온 가격이 존재합니다. 이것을 원가 라고 합니다.

수익(번 돈) 💰　　20,000

비용(쓴 돈) 🍖👨‍🍳🍗　　10,000

이익 🐷　　10,000

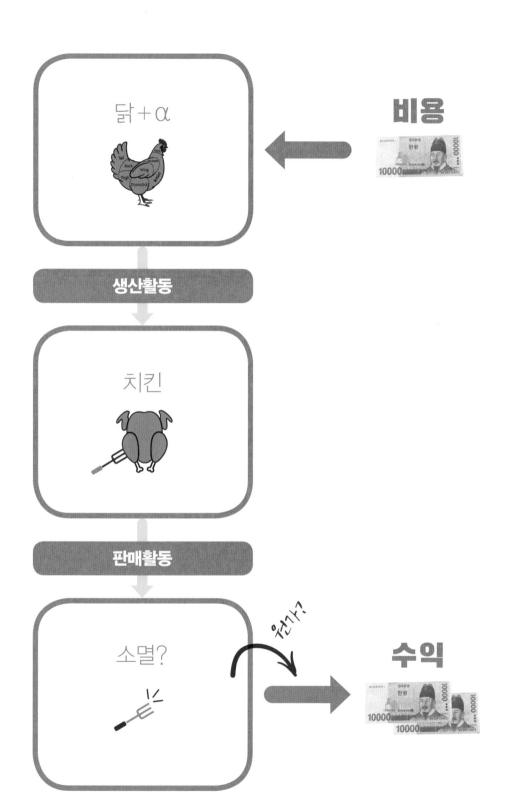

수익－비용＝이익

회사의 영업활동은 무언가를 파는 행위입니다.

판매에는 보통 비용이 들어갑니다.

판매를 통해 들어온 돈을 '수익'이라 하고 수익을 얻기 위해 소요되는 금액을 '비용'이라고 합니다.

결국 영업활동이란 기존 자원을 비용으로 소모해서 수익이라는 새로운 자원을 창조하는

과정이라고 할 수 있습니다.

비용보다 수익이 커서 가치를 창조했을 경우, 이를 '이익'이라고 합니다.

이런 선순환이 지속되면 회사는 성장하지요.

그런데 반대로, 수익이 비용보다 작으면 회사는 손실을 보게 됩니다.

이런 악순환이 계속되면 회사는 망하게 되죠.

예를 들면 앞에서 살펴본 치킨집에서

1년 동안 1억원의 비용을 쓰고 2억원의 수익을 올렸다면 이익은 1억원이 될 것입니다.

이렇듯 일정 기간의 경영 성과를 나타내주는 표를 손익계산서라고 합니다.

이것을 표로 정리하면 오른쪽과 같습니다.

수익－비용＝이익

[손익계산서]

〇2년 1월 1일부터 12월 31일까지

(단위 : 억원)

수익 **2** → 팔아서 들어온 돈, 번 돈

비용 **1** → 팔기 위해 쓴 돈, 나간 돈

이익 **1** → 남은 돈

원가, 자산, 손실

이쯤에서 전혀 다른 것으로 보이는 원가, 자산, 손실을 비교해보도록 하겠습니다.

치킨집에서 생닭을 사다가 치킨을 만들어서 팔면 돈이 들어옵니다. 보통 이 돈을 매출액이라고 합니다. 그런데 이런 매출액은 혼자 나온 것이 아닙니다. 수익을 얻기 위해서 소모된 비용이 있습니다. 이것을 '원가'라고 합니다. 원가는 복잡하게 생각할 필요 없습니다. 말 그대로 '원래의 가격'입니다. 2만원에 판 치킨의 원래 가격이 1만원이었다면 원가가 1만원인 거지요. 이 원가가 특히 매출을 위한 원래 가격이었으므로 어렵게 매출원가라고 할 뿐입니다.

한편 손님이 올 때를 대비해서 튀겨놓은 치킨은 무엇으로 봐야 할까요? 아직 수익창출에 기여하지는 않았습니다. 하지만 앞으로 손님이 오면 판매가 되어 수익창출에 기여할 것으로 보입니다. 이렇듯 수익창출에 기여하지는 못했지만 앞으로 기여할 아이템을 '자산'이라고 합니다.

회사에서 돈을 써서 뭔가를 사면, 이것은 수익창출을 위해서 장렬히 산화하는 원가가 되든가 대기 생태에 있는 자산이 되어야 합니다. 그런데 가끔은 판매가 되지 않고 유통기한이 지나서 버리게 된 부분도 나오겠지요. 이건 어떻게 표시해야 할까요? '유통기한이 지나서 버렸음'이라고 하면 좋겠지만 표에는 그렇게 길게 설명할 수가 없습니다. 과거에도 수익창출에 기여하지 못했고 앞으로도 수익창출에 기여하지 못할 부분입니다. 이 부분을 '손실'이라고 합니다.

따라서 회사가 돈을 쓰면 갈 수 있는 곳이 세 곳밖에 없습니다.

수익창출에 기여하고 없어지는 **원가**가 되든가,
수익창출을 위해서 대기 상태에 있는 **자산**이 되든가,
수익창출에 기여하지 못하고 소멸한 **손실**이 됩니다.

경영활동은 다르게 보면 손실로 없어지는 것을 없애고, 같은 매출액이라면 원가와 자산을 최소화하는 활동이라고 할 수 있습니다.

구분	수익창출 기여	이름
	Yes	**원가**
	Not yet	**자산**
	No	**손실**

생산활동과 손익계산서

경영활동 중 가장 중요한 활동이 생산활동*입니다.

이를 위해서 어떤 비용을 쓰는지 알아볼까요?

생닭을 치킨으로 만들려면 세 가지가 필요합니다.

1. 치킨에 필요한 재료 2. 튀기는 알바생 3. 튀길 설비

이 세 가지는 모두 비용을 발생시킵니다.

1. 재료비 2. 인건비 3. 감가상각비

* 참고로 서비스업체도 제조업체와 유사합니다. 직접적인 매출원가가 없어 보이는 미용실을 가정하면 이해하기 쉽습니다. 미용실도 인건비가 들고 재료비가 들어가며 설비를 사용해야 합니다. 이해를 돕기 위해 제조업을 골랐지만 대부분의 업종이 유사하다고 보면 됩니다.

제품 원가

그럼 만들어진 치킨 1마리의 '원가'는 얼마나 될지 생각해봅시다.

재료비는 생닭 5,000원에 기름, 소스 등을 합친 금액입니다.

8,000원 정도 나왔다고 해보겠습니다.

인건비는 1마리에 들어간 만큼을 구해주면 됩니다.

일당 5만원인 알바생이 하루에 50마리를 튀긴다면 '50,000 ÷ 50' 하면 되겠죠?

닭 1마리에 들어가는 인건비가 1,000원입니다.

그런데 설비에 들어간 비용은 어떻게 계산할 수 있을까요?

재료비　　　　　　인건비

재료 + 인적설비 + 물적설비 = 제품

생산·판매활동과 손익계산서

치킨집에서 치킨을 생산하기 위한 설비로 튀김기를 2,000만원에 구입했습니다. 구입한 튀김기를 매일 사용해도 한동안은 상태가 처음과 거의 비슷할 것입니다. 하지만 언젠가는 고장이 나든가 노후화되어서 사용하지 못하게 되겠지요.

이런 튀김기도 수익창출에 기여하면서 가치가 감소하니 앞에서 살펴본 원가로 봐야 할 것입니다. 문제는 언제 원가(비용)로 반영하느냐입니다. 더는 쓸 수가 없어서 처분할 때일까요?

그렇게 갑자기 장부에 손실을 반영하는 것은 현명한 방법이 아닙니다. 지금까지 만들었던 치킨 원가에는 포함되지 않다가 마지막에 만든 치킨에만 반영한다면 원가가 왜곡될 수 있기 때문입니다. 튀김기를 2년 동안 사용할 수 있고, 1년 동안 대략 10,000마리를 튀긴다고 해봅시다. 그러면 튀김기 구입 1년 후 가치가 얼마나 감소하는지를 다음과 같이 계산할 수 있습니다.(감가상각을 하는 방법은 보통은 취득가액을 내용연수로 나눠서 계산합니다. 이를 정액법이라고 합니다.)

$$20,000,000원 \times \frac{1년}{2년} \times \frac{1}{10,000}마리 = 1,000원$$

튀김기 수명 2년 중 1년(1/2년), 튀겨낸 전체 닭 중 1마리의 값(1/10,000마리)을 튀김기 가격에 비추어 계산하는 거지요. 이렇게 계산된 설비의 가치감소분을 생산하는 각 치킨의 원가에 반영하는 것이 좀더 합리적입니다.

보유 중인 자산의 가치감소분을 감가상각비라고 합니다.

자산   일부 소멸

재고자산과 매출원가

결국 치킨 1마리는 1만원의 비용을 들여서 만들었습니다. 이 치킨이 판매가 되지 않고 내 손에 있는 상태일 때는 자산입니다. 그러다가 고객에게 판매가 되면, 그 시점에 치킨은 없어지고 매출이 발생합니다. 이처럼 매출에 기여한 원가를 '매출원가'라고 합니다.
앞에서 살펴본 바와 같이 수익창출에서 기여하고 소멸하는 특성이 있어서 매출원가를 '소멸원가', 자산을 '미소멸원가'라고도 합니다.

재고자산   매출원가

미소멸   소멸

재료비	8,000원
인건비	1,000원
감가상각비	1,000원

재고자산   10,000원   **매출원가   10,000원**

판매·관리활동과 손익계산서

자, 이제 치킨을 만들었으니 판매를 해봅시다. 그런데 어떻게 팔까요?

길 가는 사람을 붙들고 치킨 살 생각 있느냐고 물어볼 수는 없습니다. 판매를 할 장소가 필요하고, 배달을 하더라도 전화를 받을 장소와 배달할 사람이 필요합니다.

이런 활동을 '판매활동'과 '관리활동'이라고 합니다.

재미있는 것은 매출원가를 계산할 때도 인건비가 나오고 판매비와 관리비에도 나온다는 것입니다. 만약 주방에서 일하는 사람이 없으면 치킨을 만들 수 없겠지요. 그러므로 치킨 원가에는 치킨을 만드는 사람의 인건비가 꼭 필요합니다. 하지만 배달하는 사람은 반드시 필요한 인력은 아닙니다. 그가 없어도 치킨을 만들 수 있으니까요. 배달하는 사람을 쓰는 이유는 판매를 촉진하기 위해서입니다. 그래서 같은 인건비라도 제조활동에서 쓰이는 인건비는 매출원가로, 판매나 관리활동에서 쓰이는 인건비는 판매비와 관리비로 구분합니다.

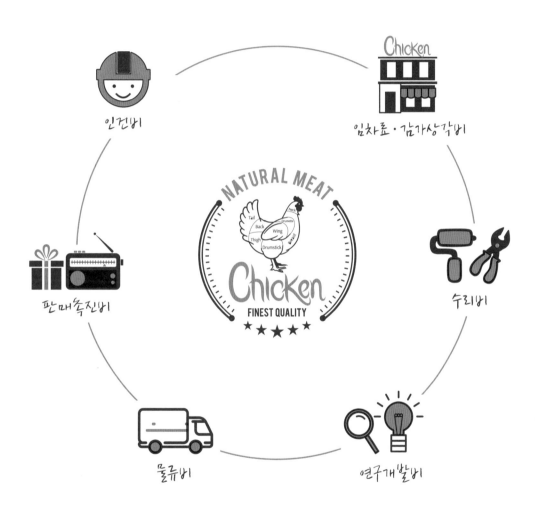

인건비

임차료·감가상각비

수리비

연구개발비

물류비

판매촉진비

NATURAL MEAT

Chicken

FINEST QUALITY

★ ★ ★ ★

비용의 구분

회사가 영업활동을 위해 쓰는 비용은 매출원가, 판매비와 관리비(판관비)로 구분할 수 있습니다. 매출원가는 물건이나 서비스를 제공하는 데 직접 소요된 경비를 말하고, 판매비와 관리비는 판매활동과 관리활동에서 소요된 경비를 말합니다.

예를 들어 치킨집 2개가 나란히 있는데 둘 다 수익은 2억원이고 비용은 1억원이라고 해봅시다. 그런데 한 집은 치킨 원가로 8,000만원을 쓰고 다른 집은 광고비로 8,000만원을 썼다고 합니다. 당신은 어느 집에 주문하겠습니까? 저라면 원가에 돈을 많이 쓴 치킨집에 전화하겠습니다.

매출과 직접 관련하여 쓴 돈과 판매활동이나 관리활동에 쓴 돈은 성격이 다릅니다. 그래서 이를 구분하는 것이 의미도 있고, 외부인들에게 좀더 많은 정보를 줄 수 있도록 보통은 매출원가와 판관비를 구분합니다.

비용

매출원가
:매출의 원래 가격
(구입가 또는 제조원가)

판매비와 관리비

회사가 바꿀 수도 있는 비용

회사에서 돈을 쓰면 그 돈이 갈 곳은 자산 아니면 비용밖에 없다고 했습니다. 치킨집에서도 생닭에 돈을 쓰면 치킨이라는 자산으로 바뀌었다가 판매되는 시점에 비용화될 수 있습니다. 튀김기를 사면 튀김기라는 자산으로 잠깐 있다가, 감가상각이라는 형태로 다시 치킨 자산의 일부가 되었다가, 판매가 되는 시점에 원가(비용)화 될 수 있습니다.

그런데 광고비로 돈을 지출하면 즉시 비용으로 처리됩니다.

회사에서 돈을 지출한 경우에는 대부분 비용으로 소멸됩니다. 앞에서 살펴본 것처럼 수익에서 비용을 빼야 이익이 어느 정도인지가 나옵니다. 회사에서 비용이 어느 정도라고 장부에 적는 순간 회사의 이익이 결정됩니다.

예를 들어 어떤 회사가 10억원짜리 기계를 사서 올해밖에 못 쓴다고 생각하여 전액을 감가상각비로 장부에 반영했다고 해봅시다. 그러면 이 회사의 이익은 10억원만큼 감소하게 되지요. 그런데 같은 업종의 다른 회사는 동일한 기계를 산 후 아직 사용하지 않았다고 주장하면서 감가상가비를 반영하지 않았다면 앞의 회사보다 이익을 10억원 더 크게 보고할 수 있습니다.

손익계산서는 회사가 수익창출을 위해서 어떤 자산을 얼마만큼 소모했는지 보여주는 표입니다. 소모한 자산을 보여줄 때 회사들은 동일한 가정이 아니라 각 회사의 상황에 맞는 가정을 사용합니다. 손익계산서를 읽을 때는 이런 사실을 염두에 두어야 합니다. 예를 들어 결손금이 많아 은행에서 대출이 안 되는 회사가 있다면 감가상각비를 넉넉하게 계상하지 않을 것입니다.

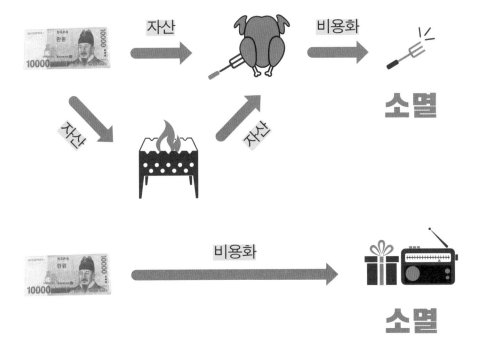

영업이익

이익에는 여러 가지가 있습니다. 매출액에서 매출원가를 차감한 이익을 '매출총이익'이라고 하고, 판관비를 차감한 금액을 '영업이익'이라고 합니다. 영업이익에 이자수익이나 이자비용 같은 금융손익을 가감하고 일시적인 손익을 가감한 것을 실무에선 '세전이익'이라고 하고, 세전이익에서 법인세비용을 차감한 것을 '당기순이익'이라고 합니다.

이 중에서 회사의 가치와 이익 역량을 평가할 때 가장 많이 참고하는 이익이 영업이익입니다. 이익의 종류가 많은데 하필 왜 영업이익이 주목을 받을까요?

먼저 매출총이익은 영업활동에 필수적인 판관비가 고려되지 않았기 때문에 진정한 의미의 이익으로 보기 어렵습니다. 콜라 회사를 예로 들면, 매출원가의 비중이 작아 높은 이익을 내는 것처럼 보입니다. 하지만 일정 수준 이상의 마케팅 비용 등을 판관비로 지출하지 않으면 이익을 유지할 수 없습니다.

또 회사가 차입금을 많이 사용하는 구조로 사업을 한다면, 영업에서는 이익이 날지라도 최종적인 이익인 당기순이익은 상당히 적거나 적자일 수도 있습니다.

그래서 영업이익을 보는 것입니다. 정상적인 판매활동에 따른 이익과 자본구조로 인한 손익이 고려되지 않아 기업의 가장 핵심적인 영업활동에서 발생한 이익을 확인할 수 있기 때문입니다.

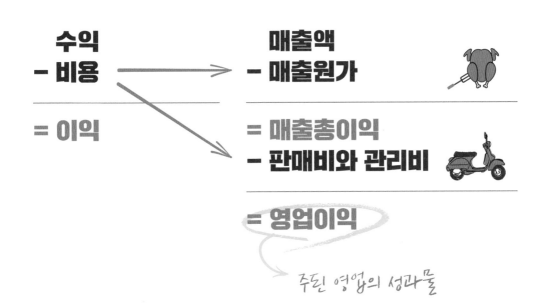

수익
− 비용

= 이익

매출액
− 매출원가

= 매출총이익
− 판매비와 관리비

= 영업이익

주된 영업의 성과물

재무·기타 활동과 손익계산서

회사에 돈이 필요하면 은행에서 빌립니다. 돈이 남을 때는 예금을 하지요. 이런 금융활동 이외에도 회사에는 주된 영업활동과 관련 없는 잡다한 일들이 많이 있습니다. 예를 들면 땅을 팔아서 큰 이익을 보거나 외화 거래에서 큰 손실을 겪기도 합니다.

분명히 이 금액들도 회사 입장에서는 이익이나 손실인데 어떻게 처리해야 할까요? 고민이 됩니다. 앞에서 살펴본 영업이익과는 구분되니까요. 매년 계속해서 비슷한 수준으로 발생할 것으로 보기도 어렵고, 본질적으로 회사의 영업활동과 관련된 것으로 보기는 더더욱 어렵기 때문입니다. 그래서 이런 이익은 영업이익과 구분해서 별도로 기재합니다.

세금 부분도 마찬가지입니다. 회사의 본질적인 영업활동은 아니지만 회사에서 지출해야 하는 돈인 건 분명합니다. 그래서 이 모든 항목을 영업이익에서 더하거나 빼서 계산을 합니다. 이렇게 나온 이익을 '당기순이익'이라고 합니다.

이렇게 이익을 구분하는 것은 회사의 주된 활동과 기타 활동을 구분해서 회사가 본연의 활동을 통해서 얼마나 이익을 내고 있는지를 보여주기 위해서입니다. 두 치킨집이 모두 1억원의 당기순이익을 보고했다고 하더라도 한 치킨집은 닭이 아닌 땅을 팔아서 돈을 벌었다면 두 치킨집을 동일하게 평가할 수는 없을 것입니다.

매출액
– 매출원가

= 매출총이익
– 판매비와 관리비

= 영업이익

잉여자금/차입금 **± 금융수익 / 금융비용** 　채권자 몫

일시적인 손익 **± 기타수익 / 비용**

세금 **– 법인세** 　국가 몫 NTS

= 당기순이익 　주주 몫

손익계산서 포인트

손익계산서는 기본적으로 회사가 돈을 어디에 써서 얼마를 벌었는가를 보여줍니다. 매출총이 익은 매출액이 회사 이익에 얼마나 직접적으로 기여할 수 있는지 알게 해주고, 영업이익은 영업 활동에 필요한 자금을 집행한 다음 어느 정도 이익을 남겼는지를 보여줍니다. 당기순이익은 재 무구조와 예외적인 상황 그리고 법인세까지 고려한 후, 최종적으로 주주 입장에서의 이익이 얼 마인지를 나타냅니다. 그래서 기본적으로 회사가 돈을 벌고 있는지를 알려주는 표, 영업 성과를 보여주는 표라고 정의합니다.

하지만 여기에서 꼭 챙기고 넘어가야 할 것이 있습니다. 기본적으로 장사를 해서 돈이 얼마가 남았는지도 중요하지만, 돈을 어떻게 써서 돈을 벌었는지를 확인해야 한다는 것입니다. 즉 회사 가 매출액과 영업이익, 그리고 판관비 중 어떤 항목에 자원을 집중했느냐를 봐야 한다는 거죠. 어떤 치킨집은 소스 개발에 사활을 걸 수 있습니다. 어떤 치킨집은 광고로 승부하고자 할 수 있 습니다. 어떤 치킨집은 입지를 경쟁우위로 삼을 수도 있습니다.

손익계산서의 비용 항목에서 가장 많은 돈을 쓴 부분이 그 집의 핵심 공략 지점이라는 것을 알 수 있습니다.

이렇듯 손익계산서는 우리에게 많은 정보를 줍니다.

구분	금액	
매출액		영업활동
매출원가		
매출총이익		
판매비와 관리비		판매·관리활동
영업이익		
금융수익/비용		
기타수익/비용		재무·기타 활동
세전이익		
법인세비용		
당기순이익		

수익
- 비용

= 이익

Reference

단계별 이익의 구분

예를 들어 매출액 100억원, 매출원가 40억원, 판관비 30억원, 기타손익 10억원을 보고한 회사가 있다고 해봅시다.
먼저 수익 · 비용으로만 놓고 보면 왼쪽과 같이 간단하게 적을 수 있고, 앞에서 배운 양식에 따라 구분해서 적으면
오른쪽과 같이 정리할 수 있습니다.

단계별 이익은 앞에서 구분한 것처럼 본연의 활동으로 인한 매출총이익, 영업을 위해서 지출한 금액을 고려한
영업이익, 자본구조 및 일시적인 손익과 법인세비용 등을 고려한 당기순이익으로 구분할 수 있습니다.

구분	금액
수익	100
– 비용	-80
= 이익	= 20

구분	금액	비고
매출액	100	
– 매출원가	40	
= 매출총이익	60	STEP 1
– 판관비	30	
= 영업이익	30	STEP 2
– 기타손익	10	
= 당기순이익	20	STEP 3

이런 손익계산서는 사실 다음과 같이 3단계로 구분할 수 있습니다.

STEP 1 _ 치킨집을 시작하기 전, 초보자는 치킨을 팔아서 들어오는 돈과 만드는 데 직접 들어가는 비용만을 생각합니다.

STEP 2 _ 막상 장사를 시작하면 광고비나 배달비용처럼 생각보다 많은 판관비가 들어간다는 것을 알게 됩니다.

STEP 3 _ 장사와 무관하게 발생하는 비용이나 세금도 무시할 수가 없습니다.

이런 비용들을 고려하고 난 다음에야 남은 돈이 본인의 이익이라는 것을 인식하게 됩니다.

삼성전자의 손익계산서

2016년도 감사보고서를 통해서 손익계산서를 검색해보면 다음과 같습니다.
앞에서 살펴본 바와 같이 연결감사보고서에 연결재무제표가 나와 있으므로 감사보고서에 첨부된 손익계산서를 읽어보시기 바랍니다.

[손 익 계 산 서]

제 48기 : 2016년 1월 1일 부터 12월 31일까지
제 47기 : 2015년 1월 1일부터 12월 31일까지

삼성전자주식회사   (단위 : 백만원)

과목	주석	제48(당)기		제47(전)기	
Ⅰ. 매출액			133,947,204		135,205,045
Ⅱ. 매출원가	24		97,290,644		99,659,336
Ⅲ. 매출총이익			36,656,560		35,545,709
판매비와관리비	24, 25	23,009,124		22,147,494	
Ⅳ. 영업이익			13,647,436		13,398,215
기타수익	26	2,185,600		1,543,190	
기타비용	26	1,289,594		792,058	
금융수익	27	5,803,751		4,917,385	
금융비용	27	5,622,119		4,714,115	
Ⅴ. 법인세비용참감전순이익			14,725,074		14,352,617
법인세비용	28	3,145,325		2,114,148	
Ⅵ. 당기순이익			11,579,749		12,238,469
Ⅶ. 주당이익	29				
기본주당이익(단위: 원)			81,602		82,682
희석주당이익(단위: 원)			81,602		82,680

앞에서 살펴본 것처럼 가장 큰 숫자가 세 자리가 넘지 않도록 조정하면, 다음과 같은 손익계산서가 완성됩니다.

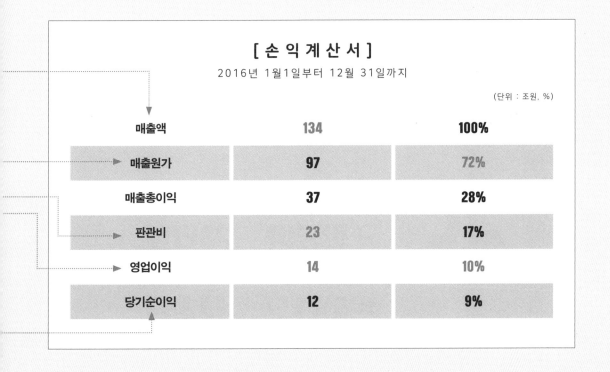

[손 익 계 산 서]

2016년 1월1일부터 12월 31일까지

(단위 : 조원, %)

매출액	134	100%
매출원가	97	72%
매출총이익	37	28%
판관비	23	17%
영업이익	14	10%
당기순이익	12	9%

손익계산서 읽기 1

다음은 삼성전자의 4년 치 손익계산서입니다. 순서대로 읽으면 됩니다.

그런데 매출 134조원에 영업이익 14조원이라니 숫자만 보고도 벌써부터 겁이 납니다.

어떻게 읽어야 할지 모르겠습니다. 일단 단위를 바꿔봅시다. 숫자가 너무 크면 감을 잡기 어려우니까요. 회사의 대표적인 상품으로 바꿔보면 읽기가 한결 쉽습니다.

여기서는 TV라 가정하고, 단위를 만원으로 바꿔볼까요?

판매가   134만원 ❶
− 원가   97만원 ❷

− 판관비   23만원 ❸
_____

= 마진   14만원

(단위: 조원)

	2016		2015		2014		2013	
매출액	134❶	100%	135❹	100%	138❹	100%	158	100%
매출원가	97❷	72%	100	74%	99	72%	110	70%
매출총이익	37	28%	35	26%❺	39	28%❺	48	30%
판관비	23❸	17%	22	16%	25	18%	26	16%
영업이익	14	10%	13	10%❺	14	10%❺	22	14%
당기순이익	12❶	9%	12	9%	15	11%	18	11%

❶ 회사는 2016년 TV를 134만원에 팔았고, 12만원의 당기순이익을 올렸습니다.

❷ 2016년 134만원에 판 TV를 만들기 위해서 들어간 돈은 97만원입니다.

❸ 2016년 134만원에 판 TV에는 23만원의 판매비와 관리비가 들었습니다.

❹ 회사는 최근 3년간 비슷한 수준의 매출과 이익을 보고하고 있습니다.

❺ 매출총이익률과 영업이익률은 3년간 비슷했지만 2013년의 실적에는 미치지 못합니다.

생각보다는 읽을 만하지요? 그런데 상세 내역이 궁금합니다. 회사가 어떤 비용을 어떻게 썼는지, 특히나 판매비와 관리비가 어떻게 쓰였는지 궁금합니다.

재무제표의 주석에 보면 이런 항목에 대한 자세한 정보를 읽을 수 있습니다. 주석은 재무제표의 뒷부분에 상세 내역으로 첨부되어 있습니다. 페이지가 많지만 계속 넘기다 보면 일치하는 번호가 나오니 한번 살펴보시기 바랍니다.

(단위 : 백만원)

과목	주석	제48(당)기
Ⅰ. 매출액		133,947,204
Ⅱ. 매출원가	24	
Ⅲ. 매출총이익		
판매비와관리비	24, 25	23,009,124
Ⅳ. 영업이익		13,647,436

25. 판매비와관리비 ◀

당기 및 전기 중 판매비와 관리비 내역은 다음과 같습니다.

(단위 : 백만원)

구분	당기	전기
(1) 판매비와관리비		
급여	1,971,689	1,795,010
퇴직급여	155,563	161,681
지급수수료	3,279,835	3,450,096
감가상각비	324,114	301,743
무형자산상각비	126,451	137,028
광고선전비	766,171	586,030
판매촉진비	1,191,542	1,143,870
운반비	528,744	587,136
서비스비	683,992	577,794
기타판매비와관리비	1,856,967	1,799,573
소계	10,885,068	10,539,961
(2) 경상연구개발비		
연구개발 총지출액	12,805,018	12,750,592
개발비 자산화	(680,962)	(1,143,059)
소계	12,124,056	11,607,533
계	23,009,124	22,147,494

판매비와 관리비 23조원 중에서 연구개발비가 절반 정도인 12조원이 들었군요. 그리고 인건비 2조원, 지급수수료 3조원, 판촉비 2조원, 운송비 1조원 등을 포함하여 11조원이 들었고요. 아까 보다는 훨씬 보기 쉽지 않습니까?

이 회사 참 대단한 회사입니다. 연구개발비를 거의 영업이익만큼 썼습니다. 회사가 돈을 어디에 쓰는지 보면 가장 신경 쓰는 부분이 어디인지 알 수 있습니다. 이 회사는 연구에 많은 돈을 쏟아 붓고 있습니다.

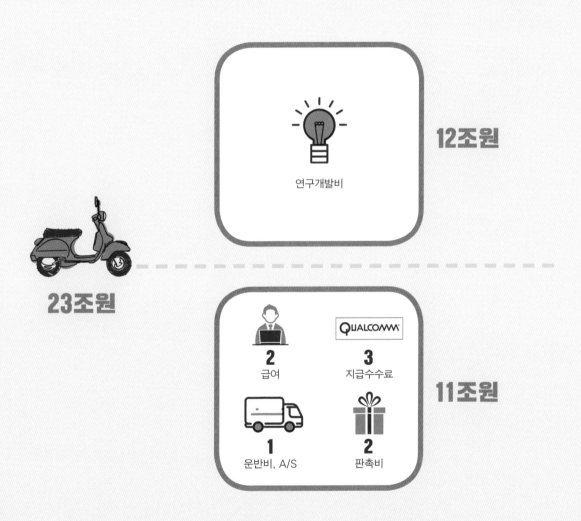

손익계산서는 회사의 경영 성과를 나타내주는 표입니다. 그런데 단위가 너무 커서 읽기가 어렵습니다. 그래서 회사의 대표적인 상품을 대입해서 쉽게 알아보았습니다.

앞에서 살펴본 바와 같이 삼성전자는 TV를 97만원에 만들고 기타 비용을 23만원 쓰고 134만원에 팔아 14만원을 남기는 회사입니다. 같은 방식으로 이해해보자면 SK텔레콤은 휴대전화 요금 17,000원을 받으면 1,700원이 남는 회사이며, 현대자동차는 제네시스를 7,400만원에 만들어서 9,000만원에 팔고 기타비용을 쓰고 600만원을 남기는 회사입니다.

정리하면 손익계산서를 볼 때 대표적인 상품으로 회사를 이해하고, 그 부분의 원가와 수익률을 통해 회사가 어느 정도의 성과를 내는지 알아볼 수 있습니다. 그리고 판관비 내역을 확인하면 회사가 광고 같은 브랜드 알리기에 집중하는지, 아니면 연구개발 같은 기술력 향상에 집중하는지 알 수 있습니다.

간단하게
회사의 손익계산서를
작성해봅시다!

MAGIC CHART 2

수익성을 따져보자!

❶ 매출로 얼마나 수익을 냈나?
매출총이익률 = 매출총이익/매출액

❷ 영업에서 얼마나 수익을 냈나?
영업이익률 = 영업이익/매출액

❸ 올해 얼마나 수익을 냈나?
당기순이익률 = 당기순이익/매출액

회계사가 판단하는 안정적인 기업 기준
❷ **10%↑** ❸ **5%↑**

[손익계산서]

년 월 일부터 년 월 일까지

(단위 :)

매출액		% ⑤
매출원가		%
매출총이익		% ①
판관비		%
④		%
영업이익		% ②
④		%
당기순이익		% ③

❹ 판매비와 관리비 중에서 큰 금액이 있다면 별도로 기록합니다. 영업과 관련 없는 항목 중 큰 금액이 있다면 별도로 기록합니다.

❺ 주요 항목들의 비율을 살펴보면서 전년도와 변화된 정도를 비교해봅시다.

MAGIC

3

재무상태표: 자산

★
★
★

회사의 자산은
적절하게 구성되어 있는가?

재무제표는 딱히 대단하달 것도 없는 표들입니다.

회사가 어떻게 자금을 조달했고,

어디에 투자했으며,

어떤 자원을 투자해서

어떻게 돈을 벌었는지를

숫자로 보여주는 것일 뿐입니다.

!
CHECK
POINT

 회사는 사업을 위해 어떤 자산을 가지고 있는가?

 회사는 가지고 있는 자산을 효율적으로 사용하고 있는가?

 회사의 본질적인 자산 중 숫자로 파악할 수 없는 자산은

무엇이고, 얼마나 되는가?

경영 3단계

회사의 경영활동은 세 가지로 나뉩니다. 자금 조달과 투자 그리고 영업활동입니다.

예를 들어 치킨집을 하겠다고 마음먹었습니다. 가까운 동네에 나온 매물을 보니 3억원이라고 합니다. 내 돈 2억원과 은행 돈 1억원으로 가게를 인수하고 열심히 일했습니다. 1년이 지나 계산해보니 비용 1억원을 써서 수익 2억원을 올려 1억원을 벌었다면, 옆 페이지와 같은 재무상태표와 손익계산서가 완성될 것입니다.

이를 앞에서 살펴본 세 단계로 나누어 보면 ❶ 내 돈 2억원과 은행 돈 1억원을 조달한 자금 조달 활동이 첫 번째 단계입니다. ❷ 조달된 3억원으로 치킨집을 매입한 것이 두 번째 단계인 투자이며, ❸ 투자된 치킨집에서 열심히 일해 1억원을 벌어들인 활동이 영업활동입니다.

조달된 외부자금 1억원을 부채로, 내부자금 2억원을 자본으로, 투자된 치킨집 3억원을 자산으로 기재한 것이 바로 재무상태표입니다.

재무제표는 딱히 대단하달 것도 없는 표들입니다. 회사가 어떻게 자금을 조달했고, 어디에 투자했으며, 어떤 자원을 투자해서 어떻게 돈을 벌었는지를 숫자로 보여주는 것일 뿐입니다.

경영 3단계
❶자금 조달 ⇒ ❷투자 ⇒ ❸영업

〈X1년 말〉

재무상태표
X1년 12월 31일 현재
(단위: 억원)

❷

부채
1

❶

자산
3

자본
2

〈X2년 중〉

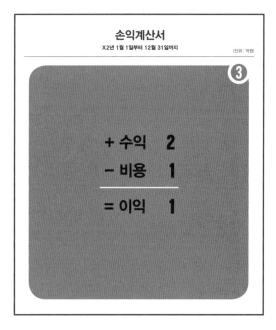

손익계산서
X2년 1월 1일부터 12월 31일까지
(단위: 억원)

❸

+ 수익 **2**

− 비용 **1**

= 이익 **1**

❶ **부채와 자본: 자금의 조달 내역**
❷ **자산: 조달된 자금의 투자 내역**
❸ **손익계산서: 투자 성과인 영업 내역**

영업활동과 자산

회사가 자금을 조달해서 투자를 하고 영업을 하면 자산이 발생합니다.

치킨집을 한다고 가정해봅시다. 먼저, 닭을 튀기기 위한 설비들을 사야 합니다. 가게 이름을 정하고 로고 만드는 일도 필요하겠지요. 이렇게 사업을 위한 준비가 끝나면 치킨을 만들어서 판매하는 본격적인 영업활동을 시작하게 됩니다.

현금으로 생닭을 살 것이고, 생닭을 튀겨서 치킨을 만들고, 그 치킨을 판매합니다. 그런 다음 손님이 긁은 카드 금액을 카드사에 청구해서 받고, 그 돈으로 다시 생닭을 사는 일을 반복할 것입니다.

1년이 지나면 그동안 손님들로부터 받은 매출액은 수익으로, 그리고 수익을 얻기 위해서 사용한 매출원가와 판관비는 비용으로 기재하여 앞에서 살펴본 손익계산서를 완성하게 될 것입니다.

치킨집의 사업연도 말인 12월 31일에 남아 있는 현금과 생닭, 치킨(재고자산), 카드사로부터 받을 금액(매출채권)은 자산으로 정리해서 재무상태표에 기록할 것입니다.

영업활동과 관련해서 회사가 가지고 있는 이들 자산은 크게 두 가지로 나누어 볼 수 있습니다. 먼저 생산설비나 브랜드처럼 오랜 기간 사용할 목적으로 취득하는 자산이 있고요, 현금이나 재고자산 또는 매출채권처럼 일정 기간에만 일시적으로 발생하는 영업활동으로 발생한 자산이 있습니다.

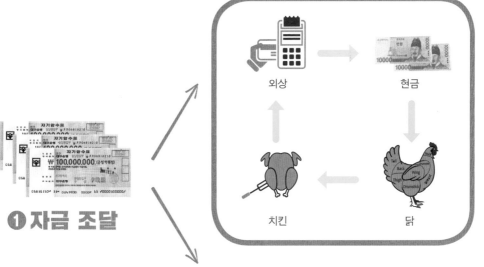

❸ 영업활동으로 발생한 자산

외상

현금

치킨

닭

❶ 자금 조달

❷ 영업활동을 위한 자산

설비

로고

재무활동과 자산

회사의 자산을 다른 측면에서 살펴보겠습니다.

앞에서 살펴본 영업용 자산을 활용해서 영업을 잘하면 회사에는 여유자금이 쌓이게 됩니다. 여유자금이 생기면 당신은 무엇을 하고 싶으십니까? 사업이 잘되고 전망도 밝다면 주저 없이 추가 투자를 할 것입니다.

예를 들어 치킨집을 해서 돈을 많이 벌었다면 가게를 더 확장하려고 할 것입니다. 만약 좋은 양계장이 매물로 나왔다면 이것도 투자의 대상이 될 수 있습니다. 내가 직접 양계장을 만들어서 생닭을 공급받을 수도 있겠지만 이미 있는 양계장을 인수하는 게 빠르고 확실한 투자일 수 있습니다. 또는 아예 본업과 무관한 재테크에 나설 수도 있습니다. 배당을 목적으로 주식을 사거나 임대수익을 목적으로 건물을 살 수도 있습니다.

하지만 전망이 불투명하거나 고민할 시간이 필요하다면, 잠깐 저축을 해두었다가 나중에 투자 재원으로 쓸 수도 있을 겁니다. 아니면 당장 빚을 갚아버리거나 배당을 해서 개인 재산을 늘릴 수도 있을 것입니다. 이렇게 자금을 사내에 유보할지, 사외로 유출할지 등 어떻게 운용할지를 고민하는 활동을 재무활동이라고 합니다.

한편 미래를 위해서 여유자금을 유보하기로 결정했다면 회사는 금고에 여유자금을 보관하기보다는 얼마간의 이자라도 얻기 위해서 금융기관에 예금을 할 것입니다. 은행에서는 기대수익률이 좀더 높은 투자처를 찾을 것이며 일부는 주식 등에 투자될 수도 있습니다.

❶ 내부 유보
금융자산

❷ 외부 유출

여유자금

부채 상환/배당 지급

현금

재투자

H/W, S/W **자회사** **재테크**

설비   양계장   임대건물, 주식

브랜드

치킨집의 자산
=영업활동+재무활동

영업활동으로 인한 자산과 재무활동으로 인한 자산을 구분하면, 치킨집의 자산을 다음과 같이 나열할 수 있습니다. 치킨집이라 해서 자산 구성이 대기업과 크게 다른 건 아닙니다. 일단 가로 선은 1년 이내에 현금화가 가능한가를 기준으로 구분한 것이며, 세로 선은 영업활동으로 인한 것인지 또는 기타 활동(금융·투자)으로 인한 것인지를 구분한 것입니다.

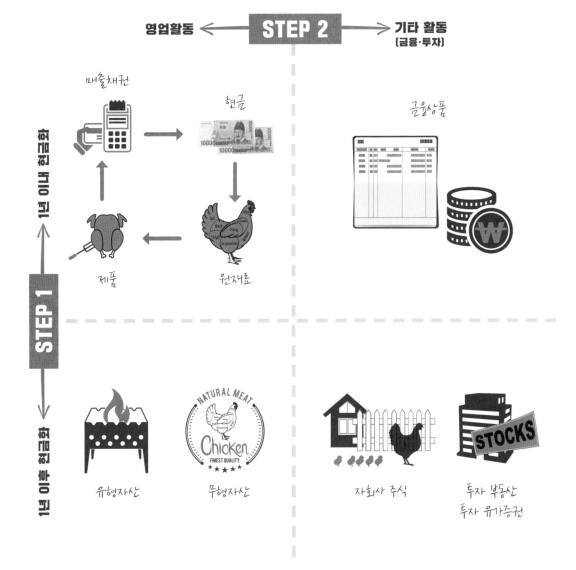

영업활동 ← STEP 2 → 기타 활동
(금융·투자)

매출채권

현금

금융상품

1년 이내 현금화

제품

원재료

STEP 1

1년 이후 현금화

유형자산

무형자산
NATURAL MEAT
Chicken
FINEST QUALITY

자회사 주식

투자 부동산
투자 유가증권
STOCKS

유동자산＝피, 비유동자산＝살

우리나라에서 사망 원인의 1위는 암입니다. 2위와 3위가 심장 질환과 뇌혈관 질환입니다. 모두 혈액, 순환과 관련된 질환이죠. 피가 제대로 순환하지 않으면 사람은 죽습니다. 영양분을 공급하지 못할 뿐 아니라 대사 노폐물도 배출하지 못하기 때문입니다.

회사도 마찬가지입니다. 자산이 제때, 원활히 순환해야 생명을 잘 유지할 수 있습니다. 재고자산이 팔리지 않고 남아 있거나 매출채권이 회수가 안 되면 망합니다. 이처럼 순환되는 자산을 유동자산이라고 합니다. 보통 1년 이내에 현금으로 전환될 수 있는 자산을 말합니다.

순환

유동자산
(현금, 매출채권, 재고자산)

효율

비유동자산
(유형자산, 무형자산, 투자자산)

한편 사람이 건강한지 알아보려면 체력을 확인하면 됩니다. 몸무게가 70킬로그램인 두 사람이 있는데, 한 사람은 냉장고도 혼자 번쩍 들어 옮기지만 한 사람은 20킬로그램짜리 쌀 한 포대도 헉헉대면서 옮깁니다. 누가 더 체력이 좋은지는 분명하지요?

회사에도 체력을 알아볼 수 있는 자산이 있습니다. 바로 비유동자산입니다. 영업을 위해 순환되는 유동자산과 달리 회사에서 오랜 시간 사용하는 자산을 말합니다. 비유동자산이 회사의 영업을 위해 효율적으로 사용되는지 꼭 확인해야 합니다.

영업활동

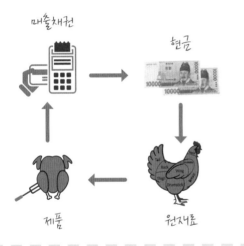

금융·투자활동

유형자산

무형자산

자회사 주식

투자 부동산
투자 유가증권

단계별 자산의 구분

STEP 1__ 회사의 자산은 먼저 1년 이내에 현금화할 수 있는가를 기준으로 구분할 수 있습니다. 회계상으로는 유동자산과 비유동자산으로 구분하는 것입니다.

회사의 자산을 이렇게 유동성을 기준으로 구분하는 이유는 회사가 망하는 이유가 돈이 없기 때문입니다. 그러므로 당장 현금화가 가능한 자산과 그렇지 않은 자산을 구분하는 것이 우선시되어야 합니다. 그렇다고 자산을 항상 이렇게 구분할 필요는 없습니다. 예컨대 누가 당신에게 자산이 어느 정도냐고 물어보면 살고 있는 집이나 자동차 같은 자산을 먼저 떠올리지 지갑에 있는 현금부터 세지는 않을 것입니다.

회계기준에서도 이런 부분을 고려하므로 어떤 회사는 비유동자산인 유형자산부터 보여주기도 합니다. 양식이 다르더라도 고민할 필요가 없습니다. 일차적으로는, 회사의 자산은 유동성을 기준으로 구분해야 합니다.

구분		영업용 자산	STEP 2	금융·투자자산	
몸 STEP 1	피	외상		단기금융·투자자산	
				현금	
		생닭			
	살	H/W		장기금융·투자자산 STEP 3	
				임대용 건물	
		S/W		양계장	

STEP 2__ 다음으로는 회사의 자산 중에서 본질적인 영업을 위해 보유하고 있는 자산과 그렇지 않은 자산을 구분할 수 있습니다.

영업을 위해 보유하고 있는 자산과 여유 자원으로 보유 중인 자산, 재테크를 위해서 투자 중인 자산을 구분하는 것만으로도 회사의 실질적인 모습을 알 수 있습니다. 영업용 자산이 명확해지면 이런 영업용 자산을 효과적으로 사용하고 있는지 함께 파악할 수 있고, 잉여 자원을 구분함으로써 회사가 어느 정도의 유동성을 보유하고 있는지 알 수 있기 때문입니다.

STEP 3__ 잉여자금은 본질적으로 사외로 유출되지 않으면 회사의 미래를 위해서 투자되거나 투자할 수 있는 상태로 대기하게 됩니다. 본질적인 활동도 중요하지만 장기 재테크와 투자도 못지않게 중요할 수 있습니다. 회사가 어디에 투자했는지를 보면서 회사의 미래를 예측해볼 수도 있습니다.

한편 이런 자산의 구성 항목들은 회사마다 차이가 커서 표준화할 수는 없지만, 다음 표에 제시된 항목을 대표적인 것으로 생각할 수 있습니다. 상세 항목은 다음과 같이 구분해서 볼 수 있습니다.

재무상태표 – 자산				
구분		영업용 자산 STEP 2		금융·투자자산
자산 STEP 1	유동자산	매출채권		현금
		재고자산		단기금융
		기타	STEP 3	
	비유동자산	유형자산		장기금융
		무형자산		자회사
		기타		

유동자산 _ 영업활동

회사가 보유하고 있는 유동자산을 크게 나누면 영업활동 과정에서 일시적으로 보유하고 있는 매출채권, 재고자산, 현금 등이 있습니다. 일시적으로 자금이 남아서 단기간 자금을 운용할 목적으로 예금이나 주식에 보관할 수도 있습니다.

결국 유동자산은 영업용 자산과 단기 자금 운용 자산으로 구분할 수 있습니다.

한편, 일부 회사는 유동자산을 당좌자산과 재고자산으로 구분하기도 합니다. 유동자산의 정의를 보통 1년 이내에 현금화가 가능한 자산으로 보는데, 재고자산은 여타 유동자산과 달리 매출이라는 어려운 단계를 거쳐야 현금화될 수 있기 때문에 별도로 구분하여 표시합니다. 이를 자주쓰는 계정별로 정리하면 다음과 같습니다.

 현금

 금융자산

 매출채권

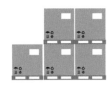 재고자산

유동자산 주요 항목

유동자산의 주요 항목을 살펴보면 비슷해 보이는 항목이 있어 고개를 갸웃거리게 될 것입니다. 예를 들어 미수금과 매출채권이 구분되어 있는 게 그렇습니다. 미수금도 못 받은 돈이고 매출채권도 매출로 인한 채권이라 못 받은 돈이라는 측면에서는 똑같은데 왜 구분해서 적을까요? 정보 이용자 입장에서 보면 토지를 매각하고 잔금을 받지 못한 것과 주요 매출에서 발생한 외상값을 못 받은 것은 분명히 다른 의미를 가지고 있기 때문입니다. 매월 외상값이 500만원에 불과했던 치킨집에 갑자기 못 받을 돈이 3억원이나 생겼다고 해봅시다. 이를 모두 채권으로 기재하면 외부 사람들은 갑자기 채권이 늘어난 것을 보고 회사에 무슨 일이 생긴 것으로 오해할 것입니다.

구분		내용
당좌자산	현금 및 현금성 자산	현금과 유사자산 등
	단기금융상품	만기 1년 이내인 예금 등
	단기매도가능금융자산	1년 이내에 매도할 예정인 주식이나 채권
	매출채권	영업에서 발생한 외상값
	미수금	토지 매각 후 잔금처럼 영업 외에서 받지 못한 돈
	선급금	계약금처럼 미리 준 돈
	선급비용	미리 낸 보험료처럼 미리 지급한 비용
	대여금	빌려준 돈
재고자산	제품, 재공품, 원재료	판매 목적으로 가지고 있는 제품이나 상품

무형자산 _ 중요한 것은 보이지 않는다

혹시 단골로 다니는 식당이나 분식집이 있으신가요? 그 집에 왜 가십니까? 저는 단골로 가는 떡볶이집이 있습니다. 그 집은 떡볶이를 맛있게 만들 수 있는 노하우가 있고, 그 노하우에 반한 저 같은 단골손님들이 있고, 단골손님들의 입소문을 타고 자연스럽게 알려진 브랜드가 있습니다. 이 브랜드는 본질적으로 아주 중요한, 어쩌면 가장 중요한 자산일지 모릅니다. 그런데 이런 자산에는 한계가 있습니다.

예전 신림동에 아주 유명한 약국이 있었습니다. 아침이면 고시생들이 언덕배기에 있는 그 약국에 들러서 박카스 하나씩 사 마시고 돌아갔습니다. 왜 그랬을까요? 약국의 셋째 딸이 정말 예뻤는데 아침마다 아빠를 도와주러 약국에 나왔답니다. 불쌍한 고시생들이 아가씨 얼굴 한 번 보려고 줄까지 서가면서 아침에 박카스를 사 마셨던 것입니다.

그런데 그 셋째 딸이 결혼을 했습니다. 약국은 어떻게 되었을까요. 모르긴 몰라도 망하기 직전까지 가지 않았을까요? 가뜩이나 몸이 아픈 사람들이 언덕배기에 있는 그 약국을 애써 찾을 이유는 많지 않을 테니까요.

그 약국에서 재무상태표를 만들었다고 가정해봅시다. 결혼 전 약국의 재무상태표에 셋째 딸은 얼마로 기록해야 할까요? 100억원? 아니면 10억원? 결혼하면 얼마로 잡을까요? 반 토막을 낼까요? 참 모호할 겁니다. 약국에서 셋째 딸은 약국의 존폐를 결정할 정도로 가장 본질적인 자산이었지만, 숫자로 표시할 수 없기 때문에 장부에는 기재할 수가 없습니다.

약국의 셋째 딸처럼 회사에서 무형자산은 너무나도 중요합니다. 그러므로 회사가 어떤 무형자산을 가지고 있는지 파악할 수 있어야 합니다. 저는 그래서 손익계산서를 즐겨 보는 편입니다. 연구비는 지적 자원을 개발하는 활동, 마케팅은 브랜드를 개발하는 활동, 교육은 인적 자원을 개발하는 활동으로 이해하는 식입니다. 안타깝게도 직접적인 상관관계가 없는 경우도 있긴 합니다. 그렇지만 회사가 돈을 어디에 쓰는지를 봄으로써 겉으로 드러나지 않는 중요한 자산을 알아채려는 노력을 기울여야 회사를 제대로 파악할 수 있습니다.

개발활동

연구: **지적 자원 개발활동**

마케팅: **브랜드 개발활동**

교육: **인적 자원 개발활동**

무형자산

재무상태표_ 자산

자산은 크게 유동자산과 비유동자산으로 나눌 수 있습니다.

앞에서 유동자산은 회사의 피고, 비유동자산은 회사의 살이라고 했지요. 전반적인 피와 살의 비중을 먼저 살펴본 다음 유동자산은 적절하게 순환되고 있는지, 비유동자산은 근육처럼 효율적으로 사용되고 있는지 봐야 합니다.

적절한 유동성을 갖췄고 효율적인 투자가 이루어졌는지는 손익계산서와 연계해서 살펴볼 필요가 있습니다.

구분		금액
유동자산	현금	**금융·투자활동**
	단기금융자산	
	매출채권	**영업활동**
	재고자산	
	기타	
비유동자산	투자자산	**금융·투자활동**
	유형자산	**영업활동**
	무형자산	
	기타	

재무상태표

자산을 조금 구분해서 보겠습니다.

크게 보면 순환이 되는 자산과 근육처럼 사용되는 자산, 영업용 자산과 기타(금융·투자) 자산으로 나눠볼 수 있습니다.

이를 기준으로 실제 재무제표를 살펴보겠습니다.

재무상태표 - 자산			
구분		**영업용 자산**	**금융·투자자산**
자산	유동자산	매출채권	현금
		재고자산	단기금융
		기타	
	비유동자산	유형자산	장기금융
		무형자산	자회사
		기타	

구분		**영업용 자산**	**금융·투자자산**
몸	피	외상	현금
		생닭	
	살	H/W	임대용 건물
		S/W	양계장

Practice

삼성전자의 자산 읽기

삼성전자의 재무상태표를 한번 다시 봅시다.

숫자에 치이기 전에, 일단 단위를 조로 만들고 간단하게 정리합시다.

재 무 상 태 표

제 48기: 2016년 12월 31일 현재
제 47기: 2015년 12월 31일 현재

삼성전자주식회사 (단위: 백만 원)

과목	주석	제48(당)기	
자산			
Ⅰ. 유동자산			69,981,128
1. 현금및현금성자산	4, 6, 7, 31	3,778,371	
2. 단기금융상품	5, 6, 7, 31	30,170,656	
3. 단기매도가능금융자산	6, 9, 31	–	
4. 매출채권	6, 7, 10, 31	23,514,012	
5. 미수금	10	2,319,782	
6. 선급금		814,300	
7. 선급비용		2,375,520	
8. 재고자산	11	5,981,634	
9. 기타유동자산		743,163	
10. 매각예정분류자산	33	283,690	
Ⅱ. 비유동자산			104,821,831
1. 장기매도가능금융자산	6, 9, 31	913,989	
2. 종속기업, 관계기업 및 공동기업 투자	12	48,743,079	
3. 유형자산	13	47,228,830	
4. 무형자산	14	2,891,844	
5. 장기선급비용		3,507,399	
6. 순확정급여자산	17	557,091	
7. 이연법인세자산	28	110,239	
8. 기타비유동자산		869,360	
자산총계			174,802,959

금액이 크지 않은 항목들은 기타로 통합해도 됩니다.

각자 취향에 따라서 항목을 추가하거나 삭제할 수도 있습니다.

[재 무 상 태 표]

2016년 12월 31일 현재

(단위: 조원)

구분		영업용 자산		금융·투자자산	
자산 **175**	유동자산 **70** **(40%)**	매출채권	**24**	현금	**4**
		재고자산	**6**	단기금융	**30**
		기타	**6**		
	비유동자산 **105** **(60%)**	유형자산	**47**	장기금융	**1**
		무형자산	**3**	자회사	**49**
		기타	**5**		

재무상태표 읽기 1 - 유동자산

재무상태표를 읽는 건 어렵지 않습니다. 자산의 총액과 구성 내역을 살펴보면 됩니다. 누가 당신의 재산을 궁금해한다면, 가장 알고 싶어 하는 것은 재산이 얼마나 되는지와 어떤 재산으로 되어 있는지 아닐까요?

문제는 이 금액만 가지고는 알 수 있는 것이 제한적이라는 점입니다. 그러므로 회사의 실적을 나타내는 손익계산서와 함께 비교를 해봐야 합니다. 자산 4억원이 의미가 있으려면 2억원의 수익과 1억원의 이익을 함께 분석해야 합니다.

우선 유동자산을 기준으로 경영활동이 막힘없이 순환하고 있는지 살펴봅시다.

(단위: 조원)

재무상태표 - 자산						손익계산서		
구분		영업용 자산		금융·투자자산		구분	금액	
자산 175	❸ 유동 자산 70 (40%)	매출 채권	24 ❶	현금	4	매출액	134 ❶	100%
		재고 자산	6 ❷	단기 금융	30 ❸	매출원가	97 ❷	72%
		기타	6			매출총이익	37	28%
	비유동 자산 105 (60%)	유형 자산	47	장기 금융	1	판매비와 관리비	23	17%
		무형 자산	3	자회사	49	영업이익	14	10%
		기타	5			당기순이익	12	9%

2개월 매출액 정도인 채권 잔액!
1개월 판매량도 안 되는 재고!
나머지는 현금!

삼성전자가 가지고 있는 유동자산이 얼마나 잘 순환되는지 살펴보겠습니다.

❶ 매출액이 134조원이므로 1개월로 환산하면 대략 11조원입니다. 채권을 살펴보니 대략 2개월 치입니다. 이게 많을까요, 적을까요? 보통은 3개월 치 정도만 돼도 훌륭하다고 이야기하는데 2개월이면 채권을 효율적으로 관리하고 있다고 볼 수 있습니다.

❷ 매출원가는 97조원입니다. 1년간 판매한 재고자산의 총액이 97조원이라는 뜻입니다. 1개월로 환산하면 대략 8조원입니다. 1개월에 파는 물건의 총액이 8조원이라는 뜻도 됩니다. 그럼 삼성전자가 가지고 있는 재고는 몇 개월 치나 될까요? 놀랍게도 6조원, 1개월 치가 안 됩니다. 큰 회사에서 1개월 치 재고만 들고 있다는 것은 매우 놀라운 일입니다. 이건 매우 중요한 문제입니다. IT 업계에서는 시간이 지나면 제품 가격이 급격히 떨어지기 때문에 재고를 효율적으로 관리하는 건 꼭 필요한 능력입니다.

❸ 삼성전자 자산의 40%는 1년 이내에 현금화가 가능합니다. 2개월 분 채권과 1개월 치 재고, 그리고 나머지는 모두 현금성 자산입니다. 순환이 잘 이루어진다고 볼 수 있을까요? 전 그렇다고 봅니다.

재무상태표 읽기 2 - 비유동자산

비유동자산을 볼 때는 전체적으로 얼마 정도의 자산이 묶여 있는지 확인해야 합니다. 전체적인 자산의 크기와 주요 항목이 어느 항목보다 중요합니다. 개인의 경우에도 그렇습니다. 같은 재산이라도 통장에 있는 돈과 부동산에 묶여 있는 돈은 유동성의 활용 면에서 차이가 큽니다.

전체적인 그림으로 볼 때는 자산의 비중을 먼저 확인하고, 주요한 항목 위주로 먼저 적으면 다음과 같습니다. 이를 기반으로 회사가 근육질로 작동되고 있는지 살펴보겠습니다.

(단위: 조원)

재무상태표 - 자산					손익계산서		
구분		영업용 자산		금융·투자자산		구분	금액
❻ 자산 175	유동자산 70 (40%)	매출채권	24	현금	4	매출액	134 ❻ 100%
		재고자산	6	단기금융	30	매출원가	97 72%
		기타	6			매출총이익	37 28%
	❹ 비유동자산 105 (60%)	유형자산	47 ❹	장기금융	1	판매비와 관리비	23 17%
		무형자산	3	자회사	49 ❹	영업이익	14 ❺ 10%
		기타	5			당기순이익	12 9%

116

자산의 30%가 유형자산, 30%가 자회사 주식 유형자산 대비 영업이익률 대략 30% 수준

❹ 우선, 비유동자산의 구성부터 살펴보겠습니다.

일단 자산 대부분은 하드웨어에 해당하는 유형자산과 자회사의 주식이 차지하고 있습니다. 이 두 항목만으로도 90% 가까이 해석할 수 있습니다. 비유동적인 자산은 전체 자산의 60% 정도 됩니다.

다르게 말하면, 유형자산으로 회사 내에 투자한 자산 47조원과 자회사 방식으로 회사 외부에 투자한 자산 49조원의 규모가 거의 비슷하다고 볼 수 있습니다.

❺ 하드웨어 활용도는 어떨까요? 47조원의 유형자산으로 14조원의 영업이익을 만들었습니다. 5억원짜리 치킨집에서 1.4억원을 만든 것과 같은 얘기입니다.

훌륭한 효율성이라고 생각됩니다. 전체 자산 중 절반 정도는 영업용 자산이니, 이것만으로도 그렇게 나쁜 실적으로 보이지는 않습니다.

❻ 전체적인 큰 그림으로 마무리를 지어봅시다.

회사의 전체 자산은 175조원가량으로 매출액은 자산의 80% 수준입니다. 유동자산과 비유동자산의 비율은 4 : 6 정도입니다. 비유동자산은 주로 유형자산과 자회사의 주식들이며 유형자산 대비 영업이익은 30% 수준입니다.

이렇게 단순화한 항목들만 보다 보면 자산의 상세 내역은 어떻게 구성되어 있는지 궁금해질 것입니다. 판관비의 사례처럼 주석을 보면 자산의 상세 구성 내역을 볼 수 있습니다.

이런 구성 내역은 자산의 배치와 성격뿐만 아니라 많은 정보를 함께 줍니다.

예를 들어 단순하게 삼성전자의 유형자산이 47조원으로 구성되어 있다는 걸 아는 것보다 자산 중 기계장치가 40% 정도인 18조라는 사실을 아는 것이 더 깊이 이해한 것이라 할 수 있습니다.

나아가, 이런 기계장치의 취득원가는 86조원인데 68조원을 이미 감가상각비로 비용처리 해서 18조원만을 자산으로 계상했다는 사실을 안다면 더 깊이 이해한 거지요.

회계적으로는 상당 부분이 비용처리 되었지만 취득가액을 고려하면 삼성전자가 설비에 많은 돈을 투자했다는 사실을 알 수 있습니다.

13. 유형자산:
가. 당기 및 전기 중 유형자산의 변동내역은 다음과 같습니다.

(1) 당기

(단위: 백만원)

구분	토지	건물및건축물	기계장치	건설중인자산	기타	계
기초장부가액	6,289,122	11,238,107	21,576,887	5,457,754	584,759	45,18,629
취득원가	6,289,122	15,981,133	83,556,501	5,457,754	1,462,477	112,746,987
감가상가누계액 (손상차손누계액 포함)	-	(4,743,026)	(61,977,614)	-	(877,716)	(67,598,358)
일반취득 및 자본적지출	12,892	920,319	5,495,015	5,678,381	251,655	12,358,262
감가상각	-	(754,091)	(8,985,029)	-	(209,427)	(9,948,547)
처분/폐기	(25,944)	(22,182)	(123,758)	-	(5,710)	(177,594)
기타	-	(5,449)	(9,602)	(131,295)	(5,574)	(151,920)
기말장부가액	6,276,070	11,376,704	17,955,573	11,004,840	615,703	47,228,830
취득원가	6,276,070	16,852,926	86,461,021	11,004,840	1,569,937	122,164,794
감가상가누계액 (손상차손누계액 포함)	-	(5,476,222)	(68,505,08)	-	(954,234)	(74,935,964)

무형자산의 경우도 동일합니다. 삼성전자 브랜드는 외부에서 60조 또는 110조원* 정도로 평가
받는데, 이런 브랜드 자산이 포함된 산업재산권은 재무제표에 1조원도 안 되는 가격으로 표시
되어 있습니다.

브랜드만 해도 60조원이 넘는 삼성전자에서 특허권을 포함하여 눈에 보이지 않는 온갖 자산이
1조원도 안 된다는 사실은 언뜻 이해가 되지 않을 것입니다. 안타깝게도 재무상태표에 자산으
로 계상하기 위해서는 많은 사람이 공감할 만한 객관적인 금액 기준이 필요한데, 브랜드 자산에
대한 평가는 편차가 커서 일률적으로 표시할 수 없기 때문입니다.

이런 점에 비추어 보면 삼성전자의 보이지 않는 핵심 자산이 재무제표에 상당 부분 표시되지
않은 상태라는 것을 쉽게 확인할 수 있습니다.

13. 무형자산:
가. 당기 및 전기 중 무형자산의 변동내역은 다음과 같습니다.

(1) 당기

(단위: 백만원)

구분	산업재산권	개발비	회원권	영업권	기타의 무형자산	계
기초장부가액	950,449	1,697,545	151,593	-	607,592	3,407,229
내부개발에 의한 취득	-	680,962	-	-	-	680,962
개별 취득	239,897	-	-	-	125,817	365,714
상각	(160,144)	(748,573)	-	-	(234,713)	(1,143,430)
처분/폐기	(48,678)	-	(550)	-	(2,363)	(51,591)
손상	-	(449,297)	-	-	-	(449,297)
기타	(37,408)	(19)	-	-	119,684	82,257
기말장부가액	944,166	1,180,618	151,043	-	616,017	2,891,844

* Interbrand 2017년 브랜드 가치 562억 달러(2017.9.25), 산업정책연구원 113조원(2017.2.10)

재무상태표의 자산은 회사가 가지고 있는 피와 살을 구분한 것입니다.

피에 해당하는 유동자산은 매출채권과 재고자산처럼 영업활동에서 발생하는 항목과 경영을 위해서 보유하는 현금 같은 유동성 자산이 대부분입니다. 지나치게 많은 계정과목은 큰 그림을 보는 데 장해물이 될 수 있습니다. 대표적인 항목을 기재하고, 그 자산이 잘 순환하고 있는지를 살펴보는 것이 중요합니다.

살에 해당하는 비유동자산으로는 유형자산과 자회사 주식 등이 있습니다. 사업의 기반이 되는 체력이 근육질인지 아닌지에 따라서 회사의 성과는 차이가 날 수밖에 없습니다. 주요 항목과 경영 성과를 연계해서 평가하면 회사가 얼마나 효율적으로 일하는지를 살펴볼 수 있습니다.

다만, 가장 중요한 항목은 보이지 않을 수 있습니다. 회사의 기술력이나 우수한 인력, 브랜드는 자산으로 평가하기가 어려워서 누락되거나 적은 금액으로 표시되는 경우가 있습니다. 그러므로 자산을 분석할 때는 수치화에 한계가 있다는 점을 염두에 두어야 합니다. 결국 이를 위해서는 숫자가 아닌 회사 자체를 보고, 이를 숫자로 파악하는 능력이 중요하다는 것을 알 수 있습니다.

MAGIC CHART 3

활동성!

❶ 자산을 효율적으로 이용하는가?

$$자산회전율 = \frac{매출액}{평균자산}$$

❷ 채권 회수는?

$$매출채권회전율 = \frac{매출액}{평균매출채권}$$

❸ 악성 재고는?

$$재고자산회전율 = \frac{매출원가}{평균재고자산}$$

회계사가 판단하는 안정적 기업 기준

❶ 1회↑   ❷ 4회↑   ❸ 4회↑

[재무상태표]

구분		영업용 자산		기타 자산	
⑥ 자산	**④** 유동 자산	매출 채권 **①**	**②**	현금	
		재고 자산		단기 금융	
		기타			
	⑤ 비유동 자산	유형 자산		장기 금융	
		무형 자산		자회사	
		기타 **③**			

[손익계산서]

구분	금액
매출액	
매출원가	
매출총이익	
판관비	
영업이익	
당기순이익	

① 재무상태표의 자산 항목 중에서 금액이 큰 항목을 골라서 계정과목을 적습니다.

② 단위를 억원이나 백만원 등의 단위로 수정해서 세 자릿수 정도로 숫자를 적습니다.

③ 주요 항목 이외의 항목들은 기타로 기록합니다.

④ 유동자산은 손익계산서와 비교하면서 경영활동의 순환이 적절하게 이루어졌는지 살펴봅니다. 특히 매출채권과 재고자산은 대략 몇 개월 치를 보유하고 있는지 기록합니다.

⑤ 비유동자산은 주요 구성 항목을 살펴보고, 손익계산서와 비교하여 투자한 금액 대비 적절한 성과를 거두고 있는지 살펴봅니다. 특히 유형자산 대비 영업이익률이나 매출액을 유념해서 살펴봅니다.

⑥ 자산의 총액과 구성 내용의 적정성을 살펴봅니다.

Reference 📊

연결재무제표

앞에서 잠깐 언급했듯이 모회사와 자회사의 실적을 합한 재무제표를 연결재무제표라고 합니다. 자회사의 실적을 제외해서 별도로 작성한 재무제표를 별도재무제표라고 하죠. 다만, 정확한 법적 명칭은 재무제표이니 연결이란 글씨가 없는 재무제표는 자회사의 실적을 합치지 않은 재무제표로 보아도 무방합니다.

상장회사들은 국제회계기준을 준수해야 하는데 국제회계기준에서는 연결재무제표를 기본으로 합니다. 그래서 상장사에 근무하는 분들은 대부분 회사의 실적을 연결재무제표로 알고 계실 겁니다.

한편 많은 비상장법인 등은 이런 의무에서 자유롭기 때문에 별도재무제표만을 작성합니다. 다니고 있는 회사의 재무제표를 읽기 전에 어떤 재무제표인지 한번 확인해보시기 바랍니다.

별도재무제표

(단위: 조원)

재무상태표 – 자산						손익계산서		
구분		영업용 자산		기타 자산		구분	금액	
자산 175	유동 자산 70 (40%)	매출 채권	24	현금	4	매출액	134	100%
		재고 자산	6	단기 금융	30	매출원가	97	72%
		기타	6			매출총이익	37	28%
	비유동 자산 105 (60%)	유형 자산	47	장기 금융	1	판매비와 관리비	23	17%
		무형 자산	3	자회사	49	영업이익	14	10%
		기타	5			당기순이익	12	9%

연결재무제표로 만들고 보니 삼성전자가 더 대단하게 느껴집니다. 영업이익률은 14%로 올라가고 현금이 32조원, 단기금융상품이 56조원이어서 88조원의 현금성 자산을 보유하고 있음을 확인할 수 있기 때문입니다. 이렇듯 연결재무제표를 보면 회사의 본질적인 모습을 보다 확실히 알 수 있습니다.

연결재무제표

(단위: 조원)

재무상태표 - 자산					손익계산서		
구분		영업용 자산		기타 자산	구분	금액	
자산 262	유동 자산 141 (54%)	매출 채권	28	현금 32	매출액	202	100%
		재고 자산	18	단기 금융 56	매출원가	120	60%
		기타	7		매출총이익	82	40%
	비유동 자산 121 (46%)	유형 자산	91	장기 금융 7	판매비와 관리비	52	26%
		무형 자산	5	자회사 6	영업이익	29	14%
		기타	12		당기순이익	23	11%

MAGIC
4

재무상태표: 부채

★
★
★

회사가
망할 위험은
없는가?

부채의 덫은 한번 빠지면 헤어나기가 어렵습니다.

그래서 부채를 위험하다고 말하는 겁니다.

회사를 운영할 때도

처음에는 나중에 내라고 하고 무이자로 쓰게 해주다가,

내가 여유가 없어지는 바로 그 시점부터

높은 이자를 요구합니다.

!

CHECK
POINT

✔ 부채와 자본 중 유리한 것은?

✔ 부채는 어떻게 발생하고 어떻게 위험해지는가?

✔ 위험한 부채를 어떻게 구분할 수 있는가?

부채와 자본의 차이

앞에서 살펴본 바와 같이 경영의 3단계는 자금을 조달하고, 수익을 창출할 수 있는 자산에 투자하며, 이런 자산으로 영업을 수행하는 것입니다. 사업에 필요한 자금을 조달한다는 효과 면에서는 자본과 부채가 같습니다. 그렇다면 자본과 부채의 근본적인 차이점은 무엇일까요? 표면적으로는 부채는 이자를 지급하고 원금을 상환할 의무가 있지만 자본은 그럴 필요가 없다는 점, 부채는 만기가 존재하지만 자본은 만기가 없다는 점 등을 듭니다. 그리고 자본에 대해서는 주주 배당은 일반적으로 의무규정이 아니라 회사를 확장하기 쉽다는 점도 이야기하지요.

그래서 많은 사람이 부채는 나쁘고 자본은 좋다고 생각합니다. 과연 그럴까요? 만약 당신이 사업을 시작한다면 자본으로만 사업을 확장할까요? 이 말은 맞기도 하고 틀리기도 합니다.

내가 돈이 많다면 그 돈을 내버려 두고 굳이 외부에서 차입을 할 필요는 없겠지요. 문제는 나에게 사업에 필요한 자금이 없을 때입니다. 외부에서 자금을 조달해야 하는데, 그 방법이 부채와 자본이라면 고려해야 하는 요소가 생각 외로 많습니다.

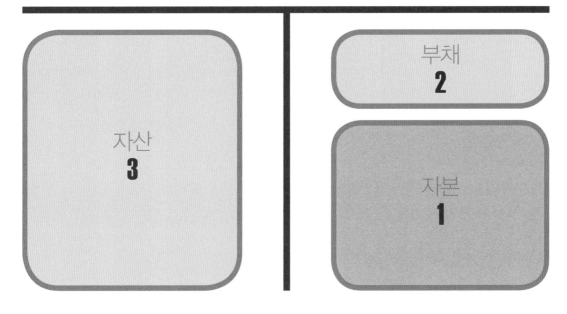

부채와 자본: 자금의 조달 내역

구분	부채	자본
만기	존재	없음
원금 상환	의무 있음	의무 없음
이자 지급	의무 있음	의무 없음
이익분할 의무(배당)	의무 없음	대주주가 받고 싶으면 받을 수 있으나 의무 규정 아님

부채와 자본의 선택

치킨집을 하고 싶은데 내 돈이 부족합니다.

고민입니다. 은행에서 빌리는 방법과 친구와 동업하는 방법이 있습니다. 어떤 게 좋을까요? 둘 다 부족한 자금을 조달한다는 측면에서는 같습니다.

장사가 잘될 때는 은행 돈이 유리할 것 같습니다. 은행에 이자만 내면 나머지 돈은 전부 내 것이 될 테고 돈이 잘 벌리니 원금도 천천히 갚아나가면 됩니다. 동업을 하면 친구에게 출자 비율만큼 배당을 줘야 합니다. 내가 대부분의 지분을 가지고 있어서 우길 수 있다면 모르겠지만, 그런 조건으로 같이 할 만한 사람은 별로 없을 것 같습니다.

장사가 안될 때는 동업이 유리할 것 같습니다. 주기적으로 이자를 지급할 필요도 없고 은행 차입금처럼 만기가 있어서 자금 압박을 당할 것 같지는 않습니다. 더구나 망하더라도 적절한 매수자가 나올 때까지 친구와 함께 기다렸다가 매각을 하면 큰 손해를 보지 않을 것 같습니다. 은행 차입금을 갚지 못하면 경매로 넘어가고 거기에서 더 큰 손해를 볼 수 있는데, 적어도 경매 걱정은 안 해도 되니까요.

장사가 아주 안될 때는 큰 차이가 없습니다. 어떤 쪽이든 내가 망하는 것은 같으니 부채(은행 차입)가 더 많이 망하고 자본(친구랑 동업)이 더 덜 망한다고 보기는 어려울 것 같습니다.

친구가 동업을 권유할 때 깜짝 놀라면서 피하라고 이 말씀을 드리는 것은 아닙니다. 친구에게 정말 좋은 기회가 있거나 친구를 사랑하는 마음에 동업을 할 수도 있습니다. 다만, 그런 경우 친구 사이일지라도 '프리미엄'을 요구할 수 있다는 점을 염두에 두시라고 이야기하는 것입니다.

회사는 처음에 자금을 어떻게 조달하느냐에 따라 성패가 좌우됩니다. 수입이 없는 스타트업(유망한 신생기업)이 차입금을 쓴다면, 아무리 페이스북 같은 기업이라도 망할 수밖에 없습니다. 초기에는 투자비가 많이 들어가고 들어오는 돈이 없으니 은행에서 차입금을 상환하라고 압력이 들어오면 어떻게 하겠습니까?

즉, 큰 위험부담을 안고 투자를 하는 것이니만큼 프리미엄 요구가 부당한 것이 아닙니다. 다만 얼마만큼이 적정한 가격인지에 대해서 고민을 해야 할 텐데, 그 부분에 대해서는 뒤에서 조금 더 이야기하겠습니다.

외부자금	은행 차입금(부채)	동업(자본)
효과	부족 자금 조달	부족 자금 조달
잘될 때	남는 돈은 내 돈	미래 이익을 영원히 배당으로 나눠 가져야 함
안될 때	– 갑작스러운 원금 상환 요구가 있을 때 단기적인 위기 상황에서도 망할 수 있음 – 회사가 부도나면 자산가치도 폭락할 위험성이 높음	원금을 갚을 필요가 없으니 단기 위기를 극복할 수 있음
아주 안될 때	망함	망함

부채는 어떻게 생기는가?

기본적으로 부채는 망할 위험성을 부담해야 하므로 이왕이면 없으면 좋습니다. 하지만 부채 없는 회사는 거의 없습니다. 대개는 자금이 부족해서 생기지만, 어떤 때는 넉넉한 신용에 의해서 생기기도 합니다.

앞에서 살펴본 바와 같이 치킨집을 시작할 때 내 돈만으로는 부족해서 은행에서 빌릴 수 있습니다. 이때 마음이 편한 사람은 없습니다. 장사해서 자리 잡으면 얼른 빚을 갚으리라 생각합니다. 매월 나가는 이자도 아깝지만 혹시라도 제때 갚지 못해서 가게가 넘어갈까봐 노심초사하기 때문입니다.

그런데 사업을 시작한 후 생각보다 장사가 잘되면 또 다른 고민이 시작됩니다. 장사가 잘되면 매달 은행 대출이자와 원금을 상환하고도 자금이 쌓이게 됩니다. 장사가 잘되니 사업을 확장할까 고민하게 되죠. 물론 이때도 내 돈만으로 확장이 가능하다면 고민할 필요가 없지만, 단기간에 급격히 성장했다면 사업을 확장할 만큼 충분한 자금은 없는 상태입니다. 그렇다고 이 전망 좋은 사업을 외부 사람에게 넘기고 싶지는 없습니다. 자본으로 자금을 조달하면 앞으로 발생할 이익을 나누어야 하니, 장사가 잘될수록 이자만 갚으면 되는 차입금을 선호하게 됩니다. 은행에서도 성과가 좋고 담보가 있으니 편한 마음으로 대출을 해줍니다. 그 덕에 회사는 또 성장할 수 있습니다.

이처럼 사업을 확장하면서 성장하는 회사에서는 차입금을 나쁜 것으로만 볼 수 없습니다. 투자 기회를 확대해주는 장점이 있으니까요.

부채의 발생 원인

부족 자금

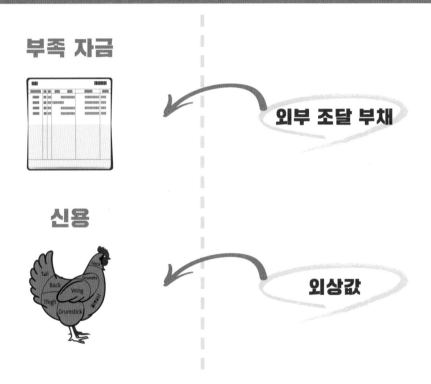

외부 조달 부채

신용

외상값

이렇게 회사가 성장할 때 또 다른 편에서 성장하는 것이 있습니다. 바로 신용도입니다. 회사의 자금이 넉넉하고 거래 규모가 커지면 거래상대방은 좀더 좋은 조건을 제시하게 됩니다. 회사의 신용도가 높거나 담보가 든든할수록 은행 금리가 낮아지는 것처럼 거래처도 자금을 나중에 갚을 수 있도록 유예해줍니다. 매입처도 물건을 외상으로 거래할 수 있게 해줍니다.

거래처의 자금 상환 유예나 외상 거래는 모두 부채입니다. 이것이 바로 넉넉한 신용에 의해서 생기는 부채지요.

보통 생각하는 것과 다르게 부채는 회사가 잘나갈 때 증가합니다.

개인도 형편이 어려울 때보다는 잘나갈 때 돈을 빌리기가 쉽지 않습니까? 돈을 벌어서 집을 사게 되면 담보대출금이 발생하고, 취직을 해서 안정적인 직장을 얻게 되면 신용카드를 발급해주어서 일정 기간 이자 없이 돈을 쓸 수 있게 해주는 것처럼요.

부채에는 여러 장점이 있습니다. 투자 기회를 확대해주고 수익률을 높여줍니다. 내 돈만으로는 살 수 없는 집을 사게 해주고, 자금을 싸게 조달할 수 있다면 은행 대출이자를 뺀 나머지가 모두 수익이 되므로 수익률 향상에 도움이 됩니다. 물론 단점도 있습니다. 원금과 이자의 상환 압력에 시달리게 되고 부도가 나면 자산가치에 큰 손상이 발생할 수도 있습니다. 그래서 보통 부채를 좋거나 나쁘다고 하지 않고 '위험'하다고 말합니다.

그렇다면 어떨 때 부채를 위험하다고 할까요?

부채의 장단점

장점

✓ **기회 확대**
✓ **수익률 향상**

단점

✓ **상환 압력**
✓ **부도 위험**
✓ **부도 시 회사가치
   손상**

부채는 왜 위험한가?

신용카드는 내 통장에 돈이 얼마나 남아 있는가를 묻지 않고 일정 기간 일정 금액을 사용할 수 있도록 신용을 부여해줍니다. 당장 갚지 않아도 되니 부담 없이 쓰게 되죠. 나중에 청구서가 날아오면 후회할지언정.

문제는 카드값이 매달 줄지 않아서 미리 쓴 돈을 계속 갚는 형식이 되고, 큰 금액을 지출해야 하는 상황이 되면 당장 현금이 없으니 할부를 하게 된다는 것입니다. 처음에는 걱정이 없습니다. 카드사는 한도를 계속 높여주면서 무이자 할부로 부담 없이 긁으라고 독려해줍니다. 그러다 보면 무이자로 긁은 금액과 매달 사용하는 금액이 쌓여 월급날은 카드대금 정산일이 돼버립니다. 이 정도 선에서 끝나면 그나마 다행이지요. 살다 보면 꼭 목돈을 써야 할 일이 생기고, 빡빡한 상태에서 어쩔 수 없이 비싼 이자를 감수하면서 할부를 하게 됩니다. 그러다 연체라도 발생하면 한도도 줄어들고 다른 곳에서도 돈을 빌리기가 어려워집니다. 어쩔 수 없이 카드사에 돈을 빌리게 됩니다.

마이너스 통장도 사실 비슷합니다. 처음에는 낮은 이자로 시작했다가 덩어리가 점점 커지죠. 그러다 보면 상환이 어려워져 점점 더 높은 금리를 요구하는 금융기관으로 옮겨가게 되고요. 갈수록 높은 이자에 고통받게 됩니다.

부채의 덫은 한번 빠지면 헤어나기가 어렵습니다. 그래서 부채를 위험하다고 말하는 겁니다. 회사를 운영할 때도 처음에는 나중에 내라고 하고 무이자로 쓰게 해주다가, 내가 여유가 없어지는 바로 그 시점부터 높은 이자를 요구합니다. 그 시점부터는 이미 금융회사에 발목이 잡혀서 정상적인 사업을 영위하기가 어려워집니다.

물론 간단한 해결책이 있습니다. 쓰는 것보다 훨씬 빨리 돈을 벌어 일찌감치 갚아버리고 나쁜 조건의 금융기관 따위는 멀리하는 것이지요. 그게 말처럼 쉽지 않으니 문제지만요.

일시불

↓ 무이자 할부 + 한도 상향

일시불 + 무이자

↓ 일반 할부 시작 + 한도 상향

일시불 + 무이자 + 6개월 할부

 ↓ 차입처 감소 + 한도 하향

카드론 + α

**금리
상승**

더 위험한 부채는?

노트북을 사려고 합니다. 막상 돈이 없어서 고민 중입니다. 마이너스 통장으로 사시겠습니까, 아니면 카드로 사시겠습니까? 대부분은 카드를 선호할 겁니다. 이자도 안 나가고 한 달 뒤에 갚으면 되니까요.

이런 부채는 좋은 부채라 할 수 있습니다. 그런데 이런 조건은 신용도가 높을 때 가능합니다. 남들은 현금 주고 사야 하지만 그간 쌓은 신용 덕에 똑같은 금액을 이자 없이 1개월 뒤에 갚을 수 있는 겁니다.

회사의 부채 중에도 이런 것들이 있습니다. 매입채무나 미지급비용 등이 그 예입니다. 또한 물건을 사면서 외상을 하는 것도 회사에 신용도가 있다는 의미입니다. 단적인 것이 직원들 월급입니다. 일한 돈을 1개월 뒤에 지급하지만 누구도 이걸 보고 회사가 돈이 없어서라고, 위험하다고 말하지 않지요.

이자가 나가는 부채   이자가 안 나가는 부채

마이너스 통장 vs 신용카드

회사에 이자가 안 나가는 빚이 있다면, 그리고 그 규모가 크지 않다면 그다지 큰 문제가 아닐 수 있습니다.

초기에 일본계 대부업체가 한국에 와서 취급한 상품 중에 여대생 대출이란 게 있었습니다. 학생증만 맡기면 묻지도 따지지도 않고 돈을 빌려줬습니다. 얼마나 빌려줬을까요? 100만원 내외라고 합니다.

그 이유가 재미있습니다. 새 출발을 하는 사회 초년생이 처음부터 신용불량자로 시작하면 얼마나 힘들겠습니까? 그러니 그 학생이 못 갚는다고 하더라도 주위에서 갚아주려고 하겠지요. 주위에서 부담 없이 갚아줄 수 있는 규모가 원금 기준 100만원 정도였다고 합니다.

한편, 당신이 직원을 뽑았다고 해봅시다. 이 친구가 국민은행에 30억원 대출이 있다네요. 이 친구는 신용도가 높은 걸까요, 낮은 걸까요? 개인에게 신용대출이 30억원이나 될 리 만무하고 담보대출일 가능성이 큽니다. 담보인정비율을 50% 정도로 잡으면 이 친구는 60억원대의 자산을 소유한 것으로 추정해볼 수 있습니다.

앞의 여대생과 뒤의 직원 중 누구의 신용도가 더 높을까요?

전 후자라고 생각합니다. 차입금은 규모도 중요하지만 어떤 금융기관에서 어떤 금리로 빌렸느냐가 훨씬 중요하기 때문입니다.

빚이라고는 30만원밖에 없는 사람이라도 강원랜드에 가기 위해 명동에서 신체 포기각서 쓰고 빌린 것이라면 그 사람의 30만원은 아주 위험한 부채입니다.

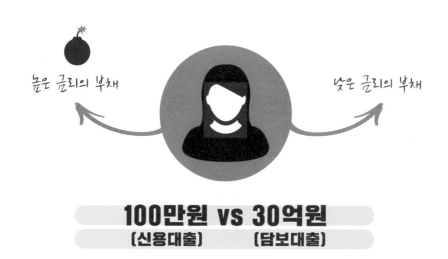

높은 금리의 부채　　낮은 금리의 부채

100만원 vs 30억원
(신용대출)　(담보대출)

부채의 구분

이제 부채의 종류에 대해서 살펴보겠습니다.

자산과 마찬가지로, 부채에는 1년 이내에 갚아야 하는 유동부채와 그 나머지인 비유동부채가 있습니다. 조금 더 본질적인 측면에서 보면 영업을 위한 부채가 있고 자금 조달을 위한 부채가 있습니다.

부채는 다른 항목보다 기간의 구분이 매우 중요합니다. 회사가 망하는 이유는 부채를 갚지 못해서이니까요. 금액의 크기와 함께 언제 갚아야 하는지를 아는 것은 회사가 재무적으로 안전한지를 판단하는 데 중요한 정보를 제공합니다.

부채는 손익이나 자산의 활용 같은 부분이 아니라 직접적인 위험을 다루는 부분입니다. 큰 틀로만 보면, 부채는 금액이 크고 상환 기한이 짧을수록 위험합니다.

유동부채	비유동부채
1년 이내 상환	그 나머지 (12개월 이상, 결제 이연 권리 보유)

외부자금		내용
유동부채	매입채무	영업에 필요한 재고를 매입하고 아직 갚지 못한 외상값
	단기차입금	1년 이내에 상환해야 하는 빚
	미지급금	영업과 무관하게 지급하지 못한 빚 (토지 매입대금 중 잔금)
	선수금	미리 받은 계약금
	미지급비용	전기요금이나 임대료처럼 아직 나가지 않았지만 나갈 것이 확정된 빚
	유동성장기부채	원래는 만기가 1년이 넘는 부채였으나 올해에 만기가 도래하는 부채
	충당부채	현재 시점에서 앞으로 발생할 빚을 추정해서 계산한 금액
	미지급법인세	법인세로 내야 하는 금액
비유동부채	사채	채권 형태로 발행된 차입금
	장기차입금	만기가 1년이 넘는 차입금
	장기미지급금	만기가 1년이 넘는 미지급금
	이연법인세부채	회계와 세법의 차이 때문에 앞으로 세금으로 더 내야 한다고 확정된 금액

유동부채_곧장 갚아야 할 의무

유동부채는 보통 1년 이내에 상환해야 하는 부채입니다.

유동부채는 매입채무나 미지급비용처럼 경영활동을 통해서 발생하는 항목들이 많습니다. 이런 항목은 이자를 발생시키지 않는다는 측면에서는 유리한 점이 있습니다. 그렇지만 단시간 내에 회사 밖으로 유출될 것이 확정적인 항목이기 때문에 회사가 이런 금액을 지급할 여력이 있는지 늘 살펴봐야 합니다.

한편 단기차입금과 같이 기존에 조달했던 자금 중에서 상환 시기가 도래한 것들이 있을 수 있습니다. 일반적으로 차입금은 이자비용을 수반하기 때문에 회사 실적에 좋지 않은 영향을 미칩니다. 특히 원금의 경우에는 자금을 상환하지 못하면 곧장 부도로 이어지므로 더욱 관심을 가지고 관리해야 합니다.

매입채무   단기차입금

미지급금   충당부채

미지급비용

비유동부채_조금은 여유 있는 의무

비유동부채는 보통 1년이 지난 이후에야 상환 의무가 도래하는 항목들입니다. 바꿔 말하면 최소 1년 이상은 채권자를 신경 쓰지 않고 영업에 사용할 수 있는 재원입니다.

회사에서 미리미리 준비해야 하는 부채도 있습니다. 종업원 퇴직금은 당장 오늘 그만두더라도 지급해야 할 의무가 있는 금액이므로 회사는 부채로 준비를 해두어야 합니다.

그리고 장·단기차입금처럼 개별적으로 빌린 돈도 있고, 채권처럼 불특정 다수로부터 조달한 차입금도 있습니다. 회사의 부채는 영업을 통해 발생하는 항목과 사업에 필요해서 자금을 조달한 항목으로 나누어 볼 수 있습니다. 공통점은 둘 다 지급하지 못하면 회사가 망할 수 있다는 것입니다.

 장기미지급금

 장기차입금

 순확정급여부채

장기충당부채

회사채

재무상태표_부채

부채는 크게 유동부채와 비유동부채로 나눌 수 있습니다.

앞에서 살펴본 것처럼 당장 갚아야 하는 유동부채와 천천히 상환해도 되는 비유동부채로 구분해봅시다.

회사가 단기간에 갚아야 하는 부채의 크기를 집계하고, 회사가 상환할 능력이 되는지 살펴보겠습니다.

구분		금액
유동부채	매입채무	
	미지급금	영업활동
	미지급비용	
	단기차입금	자금활동
	기타	
비유동부채	장기차입금/사채	자금활동
	장기미지급금	
	충당부채	영업활동
	기타	

재무상태표

부채를 구분해보겠습니다.

영업을 위해 일시적으로 발생하는 영업용 부채와 차입을 통해 조달한 자금을 나타내는 기타(금융) 부채로 구분해보겠습니다.

재무상태표					
구분		영업용부채		금융부채	
부채	유동부채	매입채무		단기차입금	
		미지급금 등		유동성장기차입금	
		기타			
	비유동부채	장기미지급금		장기차입금	
		충당부채		사채	
		기타			

삼성전자의 부채 읽기

삼성전자의 재무상태표를 한 번 다시 봅시다.

앞에서처럼 간단하게 정리합시다.

금액이 크지 않은 항목들은 기타로 통합해도 됩니다.

앞서와 마찬가지로 각자의 취향에 따라서 항목을 추가하거나 삭제할 수도 있습니다.

부채			
Ⅰ. 유동부채			34,706,122
1. 매입채무	6, 31	6,162,650	
2. 단기차입금	6, 8, 15, 31	9,061,167	
3. 미지급금	6, 31	7,635,740	
4. 선수금		200,455	
5. 예수금		389,528	
6. 미지급비용		6,284,646	
7. 미지급법인세		2,055,829	
8. 유동성장기부채	6, 16, 31	5,854	
9. 충당부채	18	2,221,717	
10. 기타유동부채		58,546	
Ⅱ. 비유동부채			3,180,075
1. 사채	6, 16, 31	58,542	
2. 장기미지급금	6, 31	2,808,460	
3. 장기충당부채	18	312,467	
4. 기타비유동부채		606	
부채총계			37,256,197

(단위 : 조원)

재무상태표-부채37				
	영업용부채		금융부채	
유동부채 **34** [92%]	▶ 매입채무	**6**	단기차입금 ▶	**9**
	미지급금 (미지급비용/ ▶ 법인세)	**16**	유동성 장기차입금	
	기타	**3**		
비유동부채 **3** [8%]	장기미지급금 ▶	**3**	장기차입금	
	충당부채		사채	
	기타			

재무상태표 읽기 4 – 부채 읽기

삼성전자의 부채를 볼 때 먼저 크기를 비교해봅니다.

갚을 만한 범위 안에 있는지를 봐야 합니다. 앞에서 큰 그림을 비교한 적이 있는데, 그때 자산은 175조이고 부채가 37조였습니다. 부채가 자산에 비해서 많지 않은 수준입니다.

그다음으로는 부채의 성격을 살펴봅니다. 항목들을 보니 다음과 같습니다. 1년 이내에 갚아야 하는 빚, 그러니까 유동부채가 대부분인데 다행히도 그 대부분이 매입채무나 미지급금처럼 이자가 나가지 않는 부채입니다.

그런데 조금 이상해 보이는 것이 있습니다. 삼성전자의 단기차입금이 9조원이나 된다는 것입니다. 이건 쉽게 이해가 되지 않습니다. 현금과 예금이 대략 34조원이나 되는 회사에서 왜 빚을 9조원이나 가지고 있는 걸까요? 만약 당신이 통장에 현금 3억원을 가지고 있다면 외부에 1억원의 빚을 가만두겠습니까? 얼른 갚아버리고 말지요. 이 궁금증을 해소하려면 주석을 살펴보면 됩니다. 삼성전자는 외부에 채권을 매각하고 선이자를 제외한 나머지 부분을 현금화하고 있습니다. 실무에서 '깡'이라고 부르는 '매출채권 할인'을 한 것입니다. 그런데 상장사에 적용되는 국제회계기준에서는 이런 거래를 매각이 아닌 차입으로 봅니다. 그러다 보니 채권을 담보로 차입을 한 것으로 나타나 이런 오해가 생긴 것입니다. 앞에서 살펴본 것처럼 삼성전자는 2개월 치 채권을 들고 있는데 이 부분을 차감하면 정말 작은 수치가 될 것입니다.

단기차입금을 제외하면 25조원 정도가 1년 이내에 상환해야 하는 금액인데, 가지고 있는 유동성만 34조원 정도 되므로 삼성전자는 상환을 고민할 필요가 없습니다. 부실한 회사들이라면 여기에서 더 파고들어가 영업이익으로 상환할 가능성이 있는지 만기 연장이 가능한지 등을 살펴보아야 할 것입니다.

이 문제를 조금 더 깊게 검토하고 싶다면, 뒷부분에 정리해둔 '부도 가능성 Check'를 보다 충실히 보시길 권합니다.

(단위: 조원)

재무상태표-자산 175 ①				
구분	영업용 자산		금융투자자산	
② 유동자산 70 (40%)	매출채권	24	현금	4
	재고자산	6	단기금융	30
	기타	6		
비유동자산 105 (60%)	유형자산	47	장기금융	1
	무형자산	3	자회사	49
	기타	5		

재무상태표-부채 37 ①				
구분	영업용부채		금융부채	
② 유동부채 34 (92%)	매입채무	6	단기차입금	9
	미지급금 (미지급비용/법인세)	16	유동성 장기차입금	
	기타	3		
비유동부채 3 (8%)	장기미지급금	3	장기차입금	
	충당부채		사채	
	기타			

① 부채비율 $= \dfrac{37}{138} = 27\%$

② 유동비율 $= \dfrac{70}{34} = 206\%$

부채비율 $= \dfrac{\text{부채}}{\text{자기자본}}$

유동비율 $= \dfrac{\text{유동자산}}{\text{유동부채}}$

어느 날 자식이 부모에게 빚이 좀 있다고 말하면 부모는 가장 먼저 부채의 크기를 물어볼 것입니다. 총액을 알고 난 다음에는 갚을 수 있는 돈이 있는지 물을 것이며, 자식이 돈이 없다고 답한다면 해결할 능력이 있는지를 확인할 것입니다.

재무상태표에서는 부채비율을 통해 회사가 가지고 있는 부채의 전체적인 규모를 확인할 수 있습니다. 부채비율이 200%라면 회사가 가지고 있는 3억원의 재산 중 1억원은 내 돈이고 2억원은 남의 돈이라는 의미이므로, 이 비율만으로도 회사가 가지고 있는 부채의 성격을 알 수 있습니다. 물론 부채의 크기보다 의미 있는 부분은 부채 중에서 이자가 나가는 부채와 이자가 나가지 않는 부채를 구분하는 것입니다. 그리고 이자가 나간다면 어떤 금융기관에서 어느 정도 금리로 빌렸는지를 살펴봐야 합니다. 그런데 처음 공부하는 분들에게 이런 표현은 너무 어렵습니다. 그래서 기계적으로 부채비율을 활용하라는 것입니다.

부채비율이 높으면 '재무적으로 안정성이 낮구나', 부채비율이 감소했다면 '부채를 연도 중에 많이 상환했거나 주주 비중이 전년도보다 증가했구나'라고 연결하면 됩니다.

그리고 회사가 단기적으로 유동성 위기를 겪을지 어떨지는 유동비율을 통해서 알 수 있습니다. 1년 이내에 상환해야 하는 의무와 1년 이내에 현금화할 수 있는 자산을 비교함으로써 회사가 안정적으로 사업을 할 수 있는지 살펴보는 것이죠. 이런 지표들은 상황에 따라서 여러 가지 방법으로 변경할 수 있습니다. 예를 들면 유동자산 중에서 재고자산은 판매라는 어려운 절차를 거쳐야만 현금화가 가능하므로, 현금을 제외한 당좌자산으로 비교해보는 식입니다.

회사는 기본적으로 영업을 통해서 이자도 갚고 나중에 원금도 상환해야 합니다. 장사해서 이자비용도 내고 있지 못하다면 회사가 재무적으로 불안해지리라는 것은 쉽게 예측할 수 있습니다. 그래서 영업이익이 이자비용을 감당할 여력이 어느 정도 있는지 알아보기 위해 이자보상비율을 구해봅니다. 즉, 영업이익을 이자비용으로 나눈 것이 이자보상비율입니다.

부채를 분석하면 장단기적으로 회사가 외부에 어느 정도의 돈을 갚아야 하는지 알 수 있습니다. 부채를 통해 회사의 부도 위험성을 확인할 수 있으며, 이자보상비율을 통해서는 회사의 영업이 재무적인 위험을 감당할 능력이 되는지를 살펴볼 수 있습니다.

결국 부채는 회사가 망할 위험도를 측정할 수 있는 지표를 제공해준다고 볼 수 있습니다.

MAGIC CHART 4

안정성!

❶ 단기차입금 상환 능력?

$$유동비율 = \frac{유동자산}{유동부채}$$

❷ 장기 안정성?

$$부채비율 = \frac{부채}{자기자본}$$

❸ 이자비용 상환 능력?

$$이자보상비율 = \frac{영업이익}{이자비용}$$

회계사가 판단하는 안정적 기업 기준

❶ **150%↑**   ❷ **200%↓**   ❸ **3배↑**

(단위:)

자산	❷		부채			
구분	구분	영업용 부채		기타 부채		
유동 자산 ❶	유동 부채 (%)	매입 채무		단기 차입금		
		미지급금 (미지급비용/ 법인세)		유동성 장기차입금		
		기타				
비유동 자산	비유동 부채 (%)	장기 미지급금		장기 차입금		
		충당 부채		사채		
		기타				

MAGIC
4'

부도 가능성 체크

망할 회사는 뭐가 다른가?

유동비율과 부채비율 분석으로 회사의 재무적 안정성과 부도 위험성을 판단하는 경우가 많습니다.
이런 방법은 보통 회사는 괜찮지만 망해가는 회사의 경우에는 위험할 수도 있습니다.
이번 장에서는 이런 부분을 검토하고자 합니다.
익숙하지 않거나 분석 대상이 이런 부도 위험 자체가 낮다면
이 부분은 건너뛰어도 무방합니다.

부채 상환의 의미

'부채를 왜 공부해야 하는가'라는 질문은 매우 중요합니다. 회사는 장기적이고 근본적으로 볼 때는 장사가 안돼서 망하지만, 단기적이고 구체적으로는 부채를 상환하지 못해서 망합니다. 부채를 상환하지 못한다는 것은 자금이 부족해진다는 뜻입니다. 자금이 부족해지는 것은 영업이 제대로 되지 않아 재고가 쌓이거나 무리한 영업으로 악성 채권이 쌓여서 회사에 잠겨 있는 돈이 늘어나는 등의 여러 원인이 있습니다. 이렇게 자금이 잠기다 보면 현금이 부족해지고 상환해야 할 부채를 갚지 못하게 됩니다. 그래서 회사가 망하는 거죠.

결국 회사가 망할지 그렇지 않을지를 분석하려면 먼저 회사의 현황을 확인해서 자금이 부족한지 살펴보고, 자금이 부족하다면 해결할 방법이 있는지를 검토해야 합니다.

예를 들어, 내가 이번 달 내야 할 카드값이 400만원인데 통장에 100만원밖에 없다고 곧장 신용불량자가 되지는 않을 것입니다. 일단 월급을 300만원 받는데 고정적으로 나가는 200만원을 빼면 100만원이 남습니다. 원래 통장에 있던 돈 100만원을 더하면 200만원이죠. 이렇게 상황을 파악한 다음 카드사에 전화해서 200만원 중 만기를 미룰 수 있는지 물어봤더니, 100만원은 다음 달에 갚아도 된답니다. 재산 중에 팔 수 있는 게 있나 살펴보니 노트북을 팔면 될 것 같습니다. 중고나라를 통해 50만원을 받고 팔았습니다. 이제 부족한 액수는 50만원입니다. 어쩔 수 없이 어머님께 전화해서 50만원만 빌려달라고 요청했습니다.

회사도 이런 식으로 부도를 막으려고 애를 씁니다. 하지만 어떻게 해도 갚을 재원이 부족하고, 여러 단계를 거쳐도 자금을 조달하지 못하면 회사는 위험해집니다.

자금 부족

✔ 벌어서···

✔ 만기를 연장해서···

✔ 팔아서···

✔ 주주에게 도움을 청해서···

안되면 부도···

부도 위험 체크
_부채의 크기와 지급 여력

회사가 망하는 이유는 갚을 돈을 제때 갚지 못했기 때문입니다. 비록 재산이 많다 해도 제때 갚을 수 있는 유동성(돈)이 없으면 회사는 망합니다. 물론 애초에 부채가 없으면 망하지 않겠지요. 바꿔 말해서 어떤 회사가 망할 위험성이 높은지 낮은지 알려면, 그 회사의 부채를 파악하고 이를 적절한 시기에 상환할 능력이 있는지 파악하는 것에서 시작해야 합니다. 앞에서 살펴본 비율은 이런 위험을 쉽고 효율적으로 확인하도록 도와줍니다.

❶ 부채비율

먼저 장기 부도 위험부터 살펴보겠습니다. 회사 주주의 몫인 자본과 남에게 갚아야 할 의무인 부채의 크기를 비교하면 장기적인 관점에서 회사가 위험한지 어떤지 알 수 있습니다. 내 돈에 비해서 남의 돈이 크다면 이자와 원금 상환으로 지출될 금액이 커서 일시적인 자금경색에도 위험할 수 있습니다. 또한 장기적인 관점에서 이익의 크기를 감소시키므로 회사의 전망을 어둡게 합니다.

❷ 유동비율

1. 급한 불 유동부채
장기대출은 만기까지 이자만 잘 낸다면 차입금 자체의 크기가 당장 문제를 일으키진 않습니다. 하지만 지난달 사용한 카드값은 원금 자체를 당장 갚지 않으면 복잡한 문제가 되죠. 이처럼 유동부채는 만기가 연장되지 않으면 1년 이내에 원금 자체를 상환해야 하므로 비유동부채에 비해 더 큰 부담이 됩니다.

2. 단기 지급 여력 유동자산
이번 달 카드값은 정해진 날짜가 되면 통장에서 빠져나갈 겁니다. 그런데 현금이 없다면 복잡한 계산을 해야 합니다. 들어올 현금과 동원할 수 있는 자금까지 말입니다. 회사도 마찬가지입니다. 회사에는 1년 내에 현금화할 수 있는 유동자산이 있습니다. 유동자산에는 예금통장에 있는 돈처럼 즉시 현금으로 사용할 수 있는 금액도 있고, 매출채권처럼 회수를 해야 하는 금액도 있고, 재고자산처럼 판매되고 회수까지 되어야 현금화가 되는 항목들이 있습니다.

회사의 유동부채를 초과하는 현금성 자산이 있다면 별문제 없겠지만, 자금 부족으로 채권을 동원해야 하거나 그것으로도 부족해서 재고로 충당해야 하는 상황이라면 회사의 미래는 불안할 것입니다. 물론 이런 자산을 총동원하고도 충당이 안 된다면 회사에 대한 더 엄격한 검토가 필요할 것입니다.

그런 의미에서 유동자산을 유동부채로 나누어서 구한 유동비율은 회사 유동성의 단기 안정성을 판단하기에 적합한 척도입니다. 유동비율이 100%가 넘으면 유동자산이 유동부채보다 많은 것이고, 당장 자금 부족으로 위험해질 가능성은 상대적으로 작다는 객관적인 지표가 되기 때문입니다.

비율을 알아두고 활용하면 이렇게 편합니다. 하지만 이런 유동비율을 맹신해서는 안 됩니다.

재무상태표	
자산	부채
❷ 유동자산	유동부채
	비유동부채
	자본
비유동자산	

❶ 부채비율 = $\dfrac{\text{부채}}{\text{자기자본}}$

❷ 유동비율 = $\dfrac{\text{유동자산}}{\text{유동부채}}$

지급 여력

단기부채

영업활동에 잠긴 돈
_ 운전자본

마중물인 운전자본

재무관리에서 운전자본이라는 개념을 배웠습니다. 아무리 공부해도 모르겠더니 실무를 하니 저절로 이해가 되더군요. 제가 어릴 때 살던 집에는 마당에 펌프가 있었습니다. 펌프는 신기하게도 그냥 펌프질을 하면 물이 올라오지 않습니다. 그런데 물 한 바가지를 넣고 펌프질을 하면 신기하게도 물이 쏟아져 나옵니다. 이렇게 물을 나오도록 하기 위해 넣는 물을 마중물이라고 한답니다. 운전자본은 마중물입니다.

사업을 하려면 이런 마중물이 필요합니다. 슈퍼를 하려면 매장에 진열대만 있어서는 안 되고 진열대에 새우깡이 채워져 있어야 장사를 할 수 있습니다. 어떤 회사는 거래처에 외상을 주어야만 영업이 되기도 합니다. 그래서 사업을 위해서는 일정한 자금이 회사에 잠겨 있어야 회사가 움직일 수 있다고 해서 운전자본이라고 합니다. 잠겨 있는 자산도 나의 재산인 것은 분명하므로 운전자본을 다른 말로는 유동성이라고 합니다. 유동성은 보통 매출채권이나 재고자산 같은 유동자산을 말합니다.

순운전자본

사업을 하다 보면 신용이 쌓입니다. 내가 매출 증대를 위해서 외상판매를 하는 것처럼 나에게 물건을 파는 곳도 외상으로 물건을 주게 됩니다. 그러면 내가 사업을 하는 데 잠긴 돈이 물건을 외상으로 사 온 만큼 감소합니다. 다시 말해 영업을 위해 유동자산에 잠긴 돈을 운전자본이라고 하고, 여기에 유동부채를 차감한 것을 순운전자본이라고 합니다.

그런데 실무에서는 간편법으로 매출채권에 재고자산을 더하고 매입채무를 차감한 금액을 순운전자본으로 말하는 경우가 많습니다. 유동자산에는 회사가 돈이 남아서 예금한 금액도 포함되는 등 실질적으로 잠긴 돈이라고 보기 어려운 항목이 많기 때문입니다. 간편법으로 순운전자본을 계산하면 일반적으로 영업활동에서 잠긴 돈을 쉽게 파악할 수 있습니다.

순운전자본이 음수라면 그 금액만큼 회사에 자금이 부족하다는 뜻이 될 것입니다. 그렇다면 분석 대상인 회사가 이렇게 자금이 부족한 상황이라면 무엇을 더 확인해야 할까요?

앞에서 살펴본 바와 같이 영업을 더 열심히 해서 자금을 상환할 수 있는지, 만기 연장이나 차환이 가능한지, 매각 가능한 자산들이 있는지 등을 검토해야 합니다.

이렇게만 보면 별문제 아닌 것 같지만 회사의 재무적 안정성을 기계적으로 분석하면 아주 엉뚱한 결론에 도달할 수가 있습니다. 매출채권이 회수되지 않고 재고자산이 늘어나며 매입처가 외상을 주지 않으면 회사는 분명히 망해가는 것이고 잠긴 돈은 늘어가는 것입니다. 그런데 어처구니없게도 유동비율은 올라갑니다. 사실 유동자산은 올라가고 유동부채가 감소하니 당연한 것이겠지요. 그래서 운전자본은 조금 구분해서 살펴볼 필요가 있습니다.

✓ **운전자본 = 유동성 = 유동자산**

✓ **순운전자본 = 유동자산 – 유동부채**

✓ **순운전자본 = 매출채권 + 재고자산 – 매입채무 (간편)**

재무상태표	
자산	부채
유동자산	유동부채
	순운전자본

재무상태표	
자산	부채
유동자산	유동부채
자금 부족액	

순운전자본＝잠긴 돈＋여윳돈

간편법에 따른 순운전자본이 커진다는 의미는 잠긴 돈이 늘어간다는 부정적인 상황을 의미합니다. 예외적으로 갑자기 큰 매출이 발생해서 급증했을 수도 있으나 채권이 잘 회수되지 않거나 재고가 판매되지 않거나 매입처에서 외상을 주지 않는 상황이 보통입니다. 순운전자본의 크기가 변화하는 양상을 보면 회사의 영업 상황이 좋아지고 있는지 나빠지고 있는지를 확인할 수 있습니다.

물론 순운전자본 증가의 원인이 장사가 너무 잘되고 신규 투자처가 없어서 현금이 증가하는 경우라면 걱정할 필요가 없을 것입니다. 손익계산서와 운전자본 정도만 확인하면 회사가 영업이 잘되는지 확인할 수 있습니다. 운전자본이 점점 커지는 회사라면 앞으로 자금 부족에 시달릴 가능성이 크다고 판단할 수 있을 것입니다.

이 두 가지는 성격이 상반되는데, 함께 있기 때문에 분석을 할 때 혼동하는 사람이 많습니다. 저는 그래서 자산과 부채를 영업활동과 기타 활동으로 구분하고 영업활동에서 생긴 자산과 부채의 차이를 '잠긴 돈'으로, 금융활동에서 생긴 자산과 부채의 차이를 '여윳돈'으로 구분합니다.

이렇게 구분하면 영업을 위해 잠긴 돈과 금융자산을 통해 보유하고 있는 여윳돈을 대략 구분할 수 있기 때문입니다. 물론 저의 개인적인 검토 방법이니 참고만 하시길 권합니다.

결국 가장 크게 신경 써야 할 부분은 앞에서 살펴본, 자금 부족액이 발생하는 상황입니다.

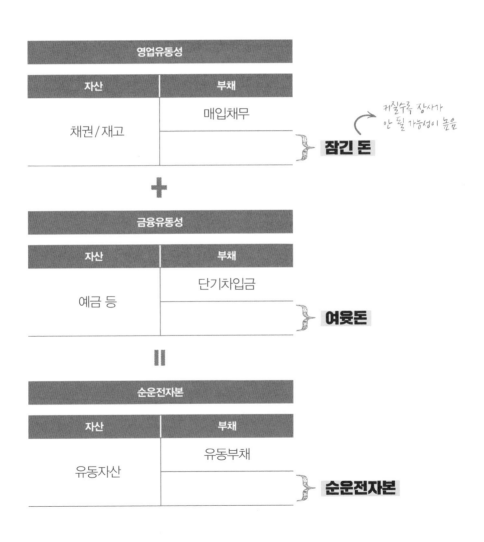

재무상태표			
자산		**부채**	
유동자산	채권 / 재고	유동부채	매입채무 등
	예금 등		단기차입금 등

영업유동성	
자산	**부채**
채권 / 재고	매입채무

잠긴 돈

커질수록 장사가
안 될 가능성이 높음

+

금융유동성	
자산	**부채**
예금 등	단기차입금

여윳돈

=

순운전자본	
자산	**부채**
유동자산	유동부채

순운전자본

부도 가능성 체크

앞에서 살펴본 삼성전자의 자산 항목과 부채 항목을 합쳐놓으면 아래의 표와 같이 나타납니다.

재무상태표 읽기 5

구분		영업용자산		기타자산	
자산 175 (100%)	유동자산 70 (40%)	매출채권	24	현금	4
		재고	6	단기금융	30
		기타	6		
	비유동자산 105 (60%)	유형자산	47	장기금융	1
		무형자산	3	자회사주식	49
		기타	5		

구분		영업용부채		기타부채	
부채 37 (21%)	유동부채 34 (92%)	매입채무	6	단기차입금	9
		미지급금 등	16	유동성장기차입금	
		기타	3		
	비유동부채 3 (8%)	장기미지급금	3	장기차입금	
				사채	
		기타	0		

그리고 조금 더 크게 요약하면 아래와 같이 정리됩니다.

구분		영업용		기타	
자산	유동자산	채권 / 재고	**36**	금융	**34**
	비유동자산	유무형자산	**55**	투자	**50**
부채	유동부채	채무 / 미지급금	**25**	단기차입	**9**
	비유동부채	장기미지급금	**3**	장기차입	**0**

단기부채와 지급 여력

먼저 회사가 가지고 있는 단기부채와 지급 여력을 살펴볼 수 있습니다. 유동자산에서 유동부채를 차감하면 회사가 1년 내에 지급할 금액을 지급한 후 가질 수 있는 유동성의 크기를 알 수 있습니다. 매출채권과 재고자산 등의 합계액에서 매입채무 등을 차감하면 영업활동을 위해서 잠겨 있는 금액을 추정할 수 있습니다. 삼성은 연간 11조원의 자금이 영업을 위해서 잠겨 있다는 것을 알 수 있습니다.

한편 예금 등의 금융자산에서 단기차입금을 차감하면 여윳돈이 어느 정도 되는지 확인할 수 있습니다. 삼성은 지금 단기차입금을 모두 상환하고 25조원 정도의 여윳돈이 있다는 것을 알 수 있습니다.

구분	금 액	영업유동성		금융유동성	
유동자산	70	채권/재고	36	예금 등	34
– 유동부채	– 34	– 채무 / 미지급	– 25	– 단기차입	– 9
= 순운전자본	= 36	= 잠긴 돈	= 11	= 여윳돈	= 25

장기부채와 자금 조달 여력

회사가 단기부채를 해결할 수 없다면 담보로 제공하거나 매각이 가능한 자산이 있는지 살펴보아야 합니다.

한편 장기부채는 장래에 상환의 의무가 있는 부채입니다. 회사의 영업 전망이 밝지 않은 경우에는 상환에 지장이 있을 것이므로 장기적인 생존을 위해서 반드시 확인해야 하는 항목들입니다. 삼성은 실물 자산을 통한 담보 여력이나 투자자산의 매각 등으로 유사시에 조달할 수 있는 자금이 상당합니다. 따라서 어지간한 재무적 충격에는 흔들리지 않으리라는 것을 알 수 있습니다.

구분	장기 영업유동성		장기 금융유동성		합계
비유동자산	유무형자산	55	주식 등	50	105
비유동부채	장기미지급금	3	장기차입금	0	3
차이	담보여력	52	조달여력	50	102

다시 점검

부도 가능성은

1. 회사가 부담해야 할 부채의 크기와 종류를 확정하고,
2. 단기적으로 상환할 수 있는 능력과
3. 매각과 담보를 통해서 조달할 수 있는 능력을 파악함으로써 알 수 있습니다.

영업을 통해 부채를 상환하는 데에는 상당한 불확실성이 있습니다. 앞으로의 이익을 알기도 어렵지만 회사 측의 추정대로 진행되지 않을 수도 있음을 염두에 두어야 하기 때문입니다.

차입금의 만기 연장이나 차환도 마찬가지입니다. 만기가 연장되지 않을 수도 있고, 새로운 차입이 가능하지 않을 수도 있습니다. 그러므로 먼저 회사의 재무자료를 기반으로 부족한 유동성을 확인하고, 충당 가능한 자산을 순서대로 확인하는 것이 중요합니다.

만약 순운전자본 자체가 음수라면 자금이 부족한 것이므로 비유동자산을 통해서 조달할 수 있는 자금이 있는지 확인해봐야 합니다. 다만, 회사에 유동성이 부족한 경우에는 이미 자산 중 많은 부분이 담보로 제공되었을 수 있으므로 검토하는 데 좀더 신중을 기해야 합니다.

MAGIC CHART 4'

자산부채 요약

구분		영업용		기타	
자산	유동자산	채권/재고		금융	
	비유동자산	유무형자산		투자	
부채	유동부채	채무/미지급금		단기차입	
	비유동부채	장기미지급금		장기차입	

단기부채와 지급여력

구분	금액	영업유동성	금융유동성
유동자산		채권/재고	예금 등
– 유동부채		– 채무/미지급	– 단기차입
= 순운전자본		= 잠긴 돈	= 여윳돈

장기부채와 자금조달여력

구분	금액	장기 영업유동성	장기 금융유동성
비유동자산		유무형자산	주식 등
– 비유동부채		– 장기미지급금	– 장기차입금
= 차이		= 담보여력	= 조달여력

Reference

위험한 징조

회사가 부실화되면 일어나는 증상들이 있습니다. 이런 증상들은 앞에서 살펴본 재무적인 특성일 수도 있으며, 비재무적인 증상이 나타날 수도 있습니다. 재무제표에서 나타날 수 있는 증상이나 위험 요소를 살펴보고 대상 회사가 이런 증상이나 위험 요소를 가지고 있는지 확인해보고자 합니다.

회사가 재무적으로 부실해 보이는 징후는 의외로 단순합니다. 앞에서 살펴본 삼성전자의 강한 면들이 반대로 드러난다고 보면 됩니다. 그래서 자세하게 살펴보기보다는 체크리스트 방식으로 짧게 검토하는 게 좋을 것 같습니다.

손익계산서상 증상과 위험 요소

손익계산서에서는 영업에 대한 질문을 해야 합니다. 매출을 통해 영업의 정체나 감소가 일어나는지 살펴보고, 비용의 변동으로 이익에 미치는 상황을 따져봐야 하며, 자금 조달 환경이 악화되고 있는지 그리고 누적적인 효과가 어떤지를 살펴보아야 합니다. 손익계산서에서 발견할 수 있는 대표적인 증상은 다음과 같습니다.

No.	증상과 위험 요소	체크
1	매출이 지속적으로 감소한다.	
2	매출원가, 판매비 및 일반관리비가 급증한다.	
3	금융비용이 시장 상황에 비해 급증한다.	
4	매출이익률, 영업이익률이 큰 폭으로 변동한다.	
5	결손이 누적된다.	
6	영업 외 손실이 급증한다.	

재무상태표상 증상과 위험 요소

재무상태표는 회사의 재산과 관련된 항목을 보여줍니다. 부채를 상환할 수 있는 유동성을 살펴보고, 유동성 부족을 야기할 만한 증상이나 위험 요소가 있는지 확인해야 합니다.

No.	증상과 위험 요소	체크
1	현금이 영업을 위한 지출과 단기부채 상환에 부족하다.	
2	매출채권, 미청구공사, 재고자산이 급증한다.	
3	대손충당금이나 평가충당금이 급증한다.	
4	불필요해 보이는 지분투자나 대여금이 있다.	
5	잉여자금으로 할 수 있는 규모가 아닌 대규모 투자가 있었다.	
6	자산성이 없어 보이는 거액의 무형자산이 있다.	
7	운영에 필요한 운전자본(유동자산－유동부채)이 만성적으로 부족하다.	
8	단기차입금과 유동부채가 급증했다.	
9	자본 규모에 비해 과도한 수준의 장 · 단기차입금이 있다.	
10	전환사채, 신주인수권부사채, 상환우선주 등을 신규로 발행한다.	

MAGIC
5

재무상태표: 자본

★
★
★

회사의
본질적 가치는?

좋은 회사는 선택하기 쉬운 의사결정들을

연속적으로 제시하는 반면에,

나쁜 회사는 계속해서 끔찍한 선택만을 제시하며

의사결정을 극도로 어렵게 만든다.

- 워렌 버핏

!
CHECK
POINT

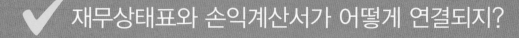 재무상태표와 손익계산서가 어떻게 연결되지?

 이익잉여금만큼 현금이 있을까?

 주식의 가치는 어떻게 결정될까?

주주의 숨겨진 이야기, 자본

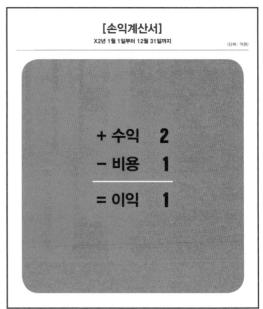

X1년 12월 31일 현재

자본의 성격

자산에서 부채를 차감한 것이 자본입니다. 나에게 3억원 아파트와 1억원의 대출금이 있다면 내 순자산은 2억원이라고 말할 수 있을 것입니다. 이를 다른 측면에서 볼 수도 있습니다.

결혼할 때 받았던 전세금 1억원에 이제까지 번 돈 1억원을 합쳐서 순자산 2억원이라고 볼 수도 있습니다. 즉 자본을 잔여재산으로 볼 수도 있고, 종잣돈인 '자본금'에 번 돈인 '잉여금'이 더해진 것으로 볼 수도 있다는 뜻입니다.

앞에서 살펴본 바와 같이 치킨집의 자본은 다음과 같이 두 가지 방법으로 볼 수 있습니다.

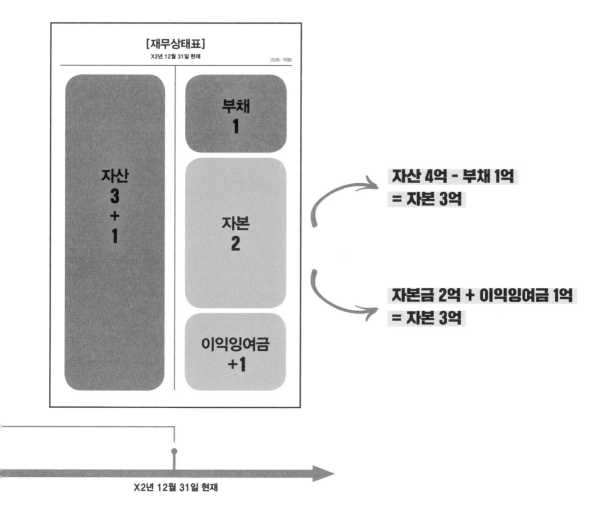

자본의 종류

자본금
자본금은 발행한 주식 수에 액면가를 곱한 금액을 말합니다. 회사를 처음 설립할 때 주주들이 납입한 금액이 보통 자본금이 됩니다. 그리고 이후에 자본을 늘리거나 줄이는 증자나 감자를 할 수 있습니다.

이익잉여금
영업을 통해서 번 돈인 당기순이익 중에서 배당을 하고 남은 잉여금을 쌓아놓은 금액을 이익잉여금이라고 합니다. 주주가 낸 돈인 자본금이 종잣돈이라면 이익잉여금은 번 돈 중 회사에 남아 있는 돈이라고 구분할 수 있을 것입니다.

자본잉여금 (주식발행초과금 등)
자본은 회사를 확장할 수 있는 원천 중 하나입니다. 부채를 통해서 늘릴 수도 있지만 고정적으로 지출되는 이자 때문에 일반적으로는 자본을 더 선호합니다.

특히 좋은 회사의 주식은 비싸게 주고라도 사려고 하는 경쟁이 발생합니다. 이런 상황이면 주식의 액면가를 초과하는 돈이 들어올 수 있는데, 이렇게 들어온 돈을 주식발행초과금이라고 합니다.

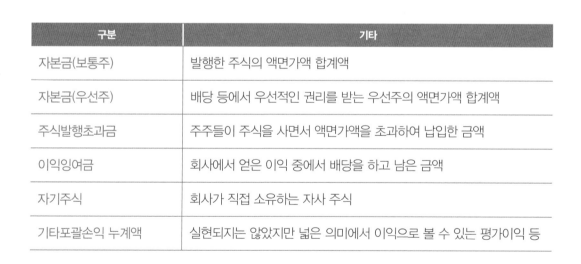

납입자본

**보통주/우선주 자본금,
주식발행초과금**

잉여금 / 기타

**이익잉여금,
기타 자본**

구분	기타
자본금(보통주)	발행한 주식의 액면가액 합계액
자본금(우선주)	배당 등에서 우선적인 권리를 받는 우선주의 액면가액 합계액
주식발행초과금	주주들이 주식을 사면서 액면가액을 초과하여 납입한 금액
이익잉여금	회사에서 얻은 이익 중에서 배당을 하고 남은 금액
자기주식	회사가 직접 소유하는 자사 주식
기타포괄손익 누계액	실현되지는 않았지만 넓은 의미에서 이익으로 볼 수 있는 평가이익 등

재무상태표 _ 자본

자본은 크게 납입자본과 이익잉여금으로 나눌 수 있습니다.

자본에는 증자를 통해 주주로부터 들어온 납입자본과 영업을 통해서 발생한 이익잉여금이 있습니다.

그리고 기타포괄손익 누계액처럼 넓은 관점에서 이익을 볼 수 있는 항목도 있고, 자기주식처럼 회계상의 필요에 따라 보고된 항목도 있습니다.

종잣돈과 번 돈의 비율을 통해서 주주의 지분이 그동안 어떻게 변화했는지 알 수 있습니다. 자본에 비해서 이익잉여금이 크다면 이는 영업 성과 중 많은 부분이 회사를 위해 재투자되었다는 의미일 것입니다. 이에 비해 큰 금액의 자본잉여금이 있다면 회사가 증자를 통해서 다수의 자금을 보유하고 있다는 의미이고, 기타포괄손익 누계액이 크다면 실현되지 않은 넓은 관점의 이익이 회사 내에 존재한다는 의미일 것입니다.

구분		금액
납입자본	자본금	} **자금 조달 활동**
	자본잉여금	
이익잉여금 등	이익잉여금	} **실현된 영업 성과 잔여분**
	기타포괄손익 누계액	} **미실현된 포괄적 관점의 이익**
	자기주식	} **자금 운용 활동**
	기타	

Practice

삼성전자의 자본 읽기

삼성전자의 재무상태표를 다시 한 번 봅시다. 앞에서처럼 간단하게 정리합시다.

금액이 크지 않은 항목들은 기타로 통합해도 됩니다.

마찬가지로 각자 취향에 따라서 항목을 추가하거나 삭제할 수도 있습니다.

자본			
Ⅰ. 자본금	20		897,514
1. 우선주자본금		119,467	
2. 보통주자본금		778,047	
Ⅱ. 주식발행초과금			4,403,893
Ⅲ. 이익잉여금	21		140,747,574
Ⅳ. 기타자본항목	23		(8,502,219)
Ⅴ. 매각예정분류기타자본항목	33		–
자본총계			137,546,762
부채와자본총계			174,802,959

(단위 : 조원)

재무상태표-자본			
구분		**구분**	
자본 **138**	납입자본 **5**	자본금	**1**
		자본잉여금	**4**
	이익잉여금 등 **133**	이익잉여금	**141**
		기타포괄손익 누계액	
		자기주식	**−8**[*]
		기타	

* 자기주식은 회사가 회사 자체의 주식을 보유하는 경우를 말합니다. 원래는 감자 절차를 거쳐서 자본을 감소시켜야 하지만 일시적으로 보유하는 경우 등에는 (−)자본으로 표시합니다.

재무상태표 읽기 6-자본 읽기

삼성전자의 자본구조

삼성전자의 자본구조는 심심해 보이기까지 합니다. 그러나 사실은 대단한 일입니다. 주주가 처음에 낸 돈을 자본금이라고 하고, 주식발행초과금은 증자할 때 낸 돈을 말하며, 이익잉여금은 이익 중에서 배당하지 않고 회사에 남아 있는 돈이라고 했습니다. 주주들이 낸 돈은 자본금 1조원과 자본잉여금 4조원을 합쳐 5조원 정도에 불과합니다. 그러나 그간 영업활동으로 번 돈 중 배당을 하지 않고 남아 있는 돈이 141조원 원도 되고 기타 조정 항목을 고려해도 138조원의 회계상 가치가 있다는 말이 됩니다. 다시 말해 어떤 주주가 처음에 5만원 정도를 주고 삼성전자 주식을 1주 샀다면 회계상으로는 138만원의 가치가 있다는 것입니다.

(단위: 조원)

자본			
구분		구분	
자본 138	납입자본 5	자본금	1
		자본잉여금	4
	이익잉여금 등 133	이익잉여금	141
		기타포괄손익 누계액	
		자기주식	−8
		기타	

이익잉여금은 회사가 가지고 있는 현금

여기서 하나만 짚고 넘어가겠습니다. 이익잉여금이 130조원 정도 있는데 삼성전자가 현금을 이만큼 가지고 있을까요? 아닙니다. 물론 이론적으로는 땅도 팔고 공장도 팔고 기계도 팔아서 조달할 수는 있지만 그만큼의 현금을 보유한 것은 아닙니다.

삼성이 가지고 있던 유동성 중에서 37조원으로 대략 부채를 갚고 나면 나머지가 모두 주주의 것입니다. 뭐가 남겠습니까? 땅, 건물, 기계장치, 다른 회사 주식 등일 겁니다.

이익잉여금이라고 하면 회사가 그만큼 돈을 쌓아놓고 있는 것으로 이해하는 사람이 많은데 전혀 그렇지 않습니다. 이런 오해가 재무상태표를 이해하지 못하는 데에서 시작됐다고 저는 믿습니다. 내가 가지고 있는 재산을 순수한 내 것과 남의 것으로 바꾸었다면, 그래서 순수한 내 것을 자본으로 본다면 이익잉여금은 단순하게 벌어서 증가한 내 재산을 의미하는 것입니다. 그것이 반드시 현금일 필요는 없지요.

(단위: 조원)

재무상태표			
자산		**부채**	
유동자산	70	유동부채	34
		비유동부채	3
		자본	
비유동자산	105	자본금/ 주발초	5
		이익 잉여금 등	133
합계	175	합계	175

손익계산서	
구분	**금액**
매출액	134
매출원가	97
매출총이익	37
판매비와 관리비	23
영업이익	14
당기순이익	12

주식·회사가치 평가 방법

치킨집을 매각하고 싶습니다. 그러면 가격을 어떤 방법으로 매겨야 할까요?

❶ 첫 번째는 치킨집의 모든 재산을 팔아 빚을 청산하고 남은 금액으로 평가하는 방법입니다. 보증금도 돌려받고 설비 같은 것을 모두 매각하면 4억원 정도를 얻을 수 있는데, 여기서 부채 1억원을 상환하면 3억원이 남습니다. 이 방법에 따르면 '최소한 3억원 정도는 되는 가게'라고 평가할 수 있을 것입니다.

❷ 두 번째는 미래의 기대치를 기준으로 평가하는 방법입니다. 매년 치킨집에서 1억원의 이익이 예상된다고 할 때 투자자가 요구하는 수익률이 10% 수준이라면, 10억원 정도로 치킨집을 투자할 수 있을 것입니다. 10억원을 투자해서 1억원을 이익으로 얻을 때 목표수익률 10%를 달성할 수 있기 때문입니다.

$$10억원 \times 10\% = 1억원$$
$$투자\ 금액 \times 수익률 = 영업이익$$
$$투자\ 금액 = 영업이익 \div 수익률$$
$$10억원 = 1억원 \div 10\%$$

❸ 세 번째는 시장에서 거래되는 금액으로 계산하는 방법입니다. 같은 동네에 있는 비슷한 규모의 치킨집이 1개월 전에 8억원에 매각되었다면, 이 치킨집 역시 대략 8억원의 가치가 있다고 볼 수 있습니다.

주식의 가치는 회사의 가치를 발행 주식 수로 나누어 계산합니다. 그런데 안타깝게도 회사의 가치를 정확하게 구할 방법은 없습니다. 산정하는 방법도 워낙에 다양하고 가정이나 전망 추정이 사람마다 달라서 평가하는 금액도 다르게 나옵니다. 동일한 치킨집도 사람에 따라서 또 시간에 따라서 다르게 평가되고 거래됩니다. 거래가 이루어지는 이유는 더 오를 것이라고 믿는 사람은 사고, 이제는 꼭지라고 판단하는 사람은 팔기 때문입니다.

가치 평가 방법은 많은 사람이 사용하는 방법이 있을 뿐 절대적인 기준이 있다고 보기는 어렵습니다. 지금부터 설명하는 가치평가 부분은 '회사가치를 이런 방식으로 평가할 수도 있겠구나' 정도로 생각하고 가볍게 접근하면 좋겠습니다.

주식 거래와 거품 징조

주식의 가치는 장부상의 자본 금액과 다를 수 있습니다.

회사가치를 평가할 때도 자산에서 부채를 뺀 자본 금액이 회사의 가치라고 생각하는 분들이 많습니다. 앞에서 주주의 몫은 자산에서 부채를 뺀 자본이라고 했으니 틀린 말은 아닙니다.

치킨집이 장사가 안돼서 빚잔치를 할 때 가지고 있는 자산 중에서 빚을 먼저 갚고 나머지를 주주들이 나누어 가지니 맞는 말이기는 합니다. 그런데 회사의 소유권인 주식을 외부에 판다고 하면 이야기가 달라집니다.

예를 들면 앞에서 살펴본 치킨집도 자산은 4억원이고 부채는 1억원이어서 자산에서 부채를 빼면 3억원 정도 되고, 매년 이익이 1억원씩 나는 가게입니다. 내년부터는 이익을 모두 배당으로 가져가려고 생각하고 있는데 부동산에서 팔 생각이 있느냐며 연락이 왔습니다. 금액이 궁금해서 일단 얼마 정도 쳐줄 수 있는지 물어봤습니다. 매수자는 치킨집의 자산에서 부채를 차감한 금액이 3억원이니 3억원에 가게를 넘기라고 합니다.

당신 같으면 어떻겠습니까. 넘길까요? 말도 안 될 것입니다. 그 치킨집 명의의 재산에서 부채를 빼면 3억원만큼의 가치밖에 없다고 해도, 매년 창출하는 1억원의 가치가 있지 않습니까? 그 때문에 제법 많은 사람이 프리미엄을 주고라도 사려고 나설 겁니다. 투자자가 요구하는 수익률이 10% 수준이라면 10억원을 주고 사려는 사람도 나올 겁니다. 물론 시장에서 거래되는 금액이 8억원 수준이라면, 매수자는 결국 10억원을 주게 되더라도 8억원에 거래를 시도할 것입니다.

회사의 소유권인 자본은 본질적으로는 자산에서 부채를 차감한 것이지만, 기본적으로는 회사가 미래에 창출하게 될 이익에 대한 평가를 고려해서 결정됩니다. 그래서 외부에서 거래되는 주식은 그 가치가 회계상 금액과 관련이 없는 경우가 많습니다.

만약 8억원에 치킨집이 매각됐다고 해봅시다. 주인이 바뀌었다고 치킨집의 재산 상태가 바뀔까요? 아닙니다. 갑자기 튀김기 가격이 두 배로 뛰는 일 같은 건 일어나지 않습니다. 단순히 주인만 바뀌었을 뿐 회사는 동일한 재산 상태에 있을 것입니다.

치킨시장의 인기에 따라 주가는 바뀔 수 있지만 이런 거래 금액이 회사의 자산이나 부채에 영향을 주는 경우는 많지 않습니다.

한편 주위의 치킨집이 20억원에 거래가 되면 어떤 일이 벌어질까요? 매각하는 사람은 20억원을 부를 것이고 매수자는 10억원을 생각할 테니 거래가 이뤄지기 어려울 것입니다. 그러다가 둘 중 하나가 마음을 바꿔 매수자가 20억원에 사든가 매도자가 10억원에 팔아야 합니다.

회사에 대한 기대치가 높은 스타트업은 회사의 본질적인 가치에 비해 시장가치가 매우 높은 경우가 많습니다. 지금의 자본 금액이나 이익으로는 설명되지 않지만 앞으로 높은 수익을 기대하기 때문입니다. 하지만 종종 거품 논란을 일으키다 실제로 가격이 폭락하기도 합니다.

물론 계속 더 높은 가격을 경신해서 시장가치가 옳았다는 것을 본질가치로 입증하는 경우도 많습니다.

그래서 주식투자를 어렵다고 하는 것입니다. 재무분석을 통해서 회사의 본질적인 가치를 대략은 알 수 있지만, 기대라는 영역과 시장이라는 영역은 숫자로 분석이 안 되기 때문입니다. 때로는 이유를 전혀 이해할 수 없는데 날로 인기를 더해가는 종목들도 제법 많습니다.

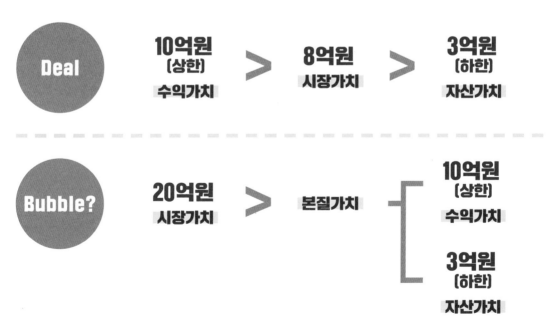

주가수익률 PER

주식투자를 해본 사람들은 PER(주가수익률, Price Earnings Ratio)라는 용어를 들어봤을 겁니다. PER는 주가를 1주당 순이익(EPS)으로 나눈 값입니다. 예를 들어 주가 10,000원짜리 기업이 주당 1,000원의 순익을 거뒀다면 PER는 10배가 됩니다. 바꿔 말하면 기업의 주당순이익이 1,000원이고 그 회사의 PER가 10이라면 그 기업의 주식가치는 10,000원이 됩니다.

이걸 조금만 응용하면 회사가치를 구할 수 있습니다. 회사의 이익이 10억원이고 동종 업계의 PER가 10이라면 그 회사는 대략 100억원의 가치가 있다고 생각하면 됩니다.

상장회사의 PER나 업종별 PER는 포털을 통해서 언제든 쉽게 확인할 수 있습니다. 유사한 회사나 업종의 PER를 포털을 통해서 구하고, 본인이 생각하는 회사의 대략적인 이익을 곱하면 대략적인 가치를 알 수 있습니다. 앞에서 살펴본 기대수익률은 시장에서 구하기 어렵지만 PER는 구하기가 상대적으로 쉽습니다. 그래서 저는 수익가치를 구할 때 당기순이익이나 영업이익에 PER를 곱하는 방식을 많이 사용합니다.

다음이나 네이버를 검색하면 삼성전자의 오늘 자 PER를 검색할 수 있습니다.

참고로 세법에서 비상장주식을 평가할 때도 유사한 방식을 활용합니다. 순자산가치와 순손익가치를 산출해서 가중평균하는 방법입니다.

PER ┃ EPS(WISEfn) ⏺	20.63배 ┃ 136,760원
PER ┃ EPS(KRX) ⏺	17.86배 ┃ 157,967원
추정PER ┃ EPS ⏺	10.37배 ┃ 272,167원
PBR ┃ BPS(WISEfn) ⏺	2.12배 ┃ 1,331,779원
배당수익률 ⏺	1.01%
동일업종 PER ▸	**16.99배**
동일업종 등락률 ▸	+0.09%

$$PER = \frac{주가}{주당순이익} = \frac{10,000}{1,000} = 10$$

$$주가 = 주당순이익 \times PER$$
$$= 1,000 \times 10 = 10,000$$

$$회사가치 = 이익 \times PER$$
$$= 10억 \times 10 = 100억?$$

삼성전자의 회사가치

처음 봤던 매직 차트를 요약하고 2016년의 연결재무제표를 기준으로 요약표를 다시 작성하면 다음과 같습니다. 재무제표가 발표된 시점의 삼성전자 가치는 얼마 정도 될까요?

막막하지만 순서대로 해봅시다. 먼저 어떤 재무제표를 골라야 할지 고민해야 합니다. 회사의 본질적인 이익을 고려할 때 별도재무제표와 연결재무제표 중에서 어떤 것이 효율적인지 살펴봐야 합니다.

□ [재무제표]

(단위: 조원)

[재무상태표]

자산		부채	
유동자산	70	유동부채	34
		비유동부채	3
		자본	
비유동자산	105	자본금/주발초	5
		이익잉여금 등	133
합계	175	합계	175

(단위: 조원)

[손익계산서]

구분	금액
매출액	134
매출원가	97
매출총이익	37
판관비	23
영업이익	14
당기순이익	12

저는 연결재무제표가 좋을 것 같습니다. 지배하고 있는 회사의 실체를 파악하여 덩어리째 평가할 수 있으니까요. 예를 들어서 자회사가 큰 폭의 이익을 거뒀다면 당연히 삼성전자 주가에도 영향이 있을 것입니다. 그러니 일단은 연결재무제표를 기준으로 평가를 해보겠습니다.

☑️ [연결재무제표]

(단위: 조원)

[재무상태표]

자산		부채	
유동자산	141	유동부채	55
		비유동부채	14
		자본	
비유동자산	121	자본금/주발초	5
		이익 잉여금 등	188
합계	262	합계	262

(단위: 조원)

[손익계산서]

구분	금액
매출액	202
매출원가	120
매출총이익	82
판관비	52
영업이익	29
당기순이익	23

재무상태표 읽기 7 - 삼성전자 가치

앞에서 살펴본 방법대로 계산하면 삼성전자의 가치는 본질가치인 자산가치로는 200조원 정도 되고 수익가치로는 310조원, 시장가치로는 310조원 정도 된다고 볼 수 있습니다.

회사의 가치는 이와 같이 의외로 쉬운 방법으로 구할 수 있습니다. 물론 자산·부채의 평가 문제와 시장의 PER 왜곡 등으로 이렇게 산출한 가치가 실제 가치를 대변한다고 볼 수는 없습니다. 하지만 내가 가지고 있는 주식의 가치를 판단할 수 있는 최소한의 기준으로 활용한다면 나쁘지 않은 선택이라고 봅니다.

[연결재무제표]

(단위: 조원)

재무상태표				손익계산서	
자산		부채		구분	금액
유동자산	141	유동부채	55	매출액	202
		비유동부채	14	매출원가	120
비유동자산	121	자본		매출총이익	82
		자본금/주발초	5	판매비와 관리비	52
		이익잉여금 등	188	영업이익	29
합계	262	합계	262	당기순이익	23

자산 - 부채
= 262 - 69 = 193조원

당기순이익 × PER[1]
= 23 × 13.39 = 308조원

시장에서 거래되는 금액[2]
= 310조원

1) 2017년 3월 초 삼성전자의 동종 업계 PER 13.39를 적용하였습니다.
2) 2016년도의 재무제표가 발표된 2017년 3월 초 보통주가 200만원 정도에 거래되어 보통주의 시가총액은 280조원, 우선주는 150만원 정도에 거래되어 시가총액 30조원 정도였습니다. 회사의 가치는 보통주와 우선주의 가치를 합친 310조원 정도로 보면 무난할 것 같습니다.

MAGIC CHART 5

회사의 가치!

회사의 가치는 회계적인 자산에서 부채를 차감한 본질적인 자산과 앞으로 회사가 얻을 것으로 예상되는 영업이익을 동종 업계에서 통상적으로 인정되는 배수를 곱한 금액으로 추정해볼 수 있습니다.

주식의 가치는 시장에서 거래되는 것이라 여러 가지 요소에 영향을 받습니다. 기대치는 미래의 불확실성이 반영되는 것이므로 표준적인 기준이 적용될 수 없습니다. 다만, 재무적인 평가를 통해서 기준점을 얻을 수는 있습니다.

✓ **순자산가치:**   자산 − 부채 =

✓ **순손익가치:**   영업이익 × 배수 =

(단위:)

[재무상태표]

자산		부채	
유동자산		유동부채	
		비유동부채	
		자본	
비유동자산		자본금/ 주발초	
		이익 잉여금 등	
합계		합계	

(단위:)

[손익계산서]

구분	금액
매출액	
매출원가	
매출총이익	
판관비	
영업이익	
당기순이익	

주식회사의 필요성

최초의 주식회사 동인도회사

회사를 만드는 법적 제도로는 여러 가지가 있지만 가장 자주 사용되는 주식회사에 대해서 살펴보겠습니다.

주식회사의 효시를 네덜란드 동인도회사로 보는 사람들이 많습니다. 16세기에 포르투갈이 무역을 독점해서 향신료 가격이 엄청나게 올랐습니다. 냉장고도 없던 시절 고기와 함께 먹는 후추를 상상하면 비싸도 살 수밖에 없는 상황이 쉽게 이해가 될 겁니다. 네덜란드 탐험가들은 몰래 신항로를 개척해서 자바섬에서 후추를 가지고 오는 데 성공합니다. 생존자는 절반에 불과했지만 이때의 이익률이 무려 400%에 달했다고 합니다. 누구나 투자를 탐낼 만한 상황이었지만 쉽게 시작할 수는 없었습니다. 당시 배를 건조하는 데 들어가는 비용과 인건비 등 투자 금액이 적지 않았고, 먼 항해 길에는 폭풍우와 해적을 걱정해야 했지요. 더욱이 산지 후추값이 큰 폭으로 오르내리는 등 돌발변수가 너무나 많았습니다. 수익이 큰 만큼 위험도 큰 사업이었습니다.

그래서 네덜란드는 동인도회사의 소유권을 나누어서 증서로 만들고 이 증서를 소유한 사람에게 후추 무역의 수익을 분배받을 수 있도록 했습니다. 회사에는 향료 무역의 독점권을 주어서 후추를 통한 독점 이익을 지속적으로 보장했습니다. 지분에 투자한 사람은 수익에 대한 권한만 있고 항해로 인한 손실은 부담하지 않았기 때문에 이 증서는 암스테르담의 증권거래소에서 인기리에 거래됐습니다. 이것이 현재 지분에 따른 의결권과 유한책임이 핵심을 이루는 주식의 시초이고, 동인도회사를 최초의 주식회사라고 부르는 이유입니다.

소유권과 경영권의 분리와 경영자의 위험성

당시 네덜란드에서 배를 한 척 건조할 만한 재산을 가진 사람이 있었다고 가정해봅시다. 이 사람 입장에서 전 재산을 투자해 배를 건조하는 것과 열 척의 배에 각각 10%씩 투자하는 것 중 어떤 것이 좋겠습니까? 더구나 돈만 내면 수익은 분배받고 손실은 투자금으로 제한된다면요? 당연히 후자를 선택할 것입니다. 회사는 이런 방식으로 대규모 자금을 모집하여 쉽게 성장했습니다.

10명의 투자자가 10분의 1씩 비용을 분담해서 배를 한 척 샀다고 해봅시다. 그럼 이 배는 누가 끌고 갑니까? 바로 선장입니다. 자본주의에서는 회사의 소유주인 주주, 경영의 주체인 이사, 그리고 이사회의 대표인 대표이사로 구분됩니다. 우리나라에서는 전통적으로 선주가 선장이 되는 문화이다 보니 둘을 구분하지 못하는 경우가 많지만, 둘의 법적인 책임과 권한은 엄격히 구분됩니다. 예를 들어 선장이 몰래 후추를 빼돌렸다면 선주들의 이익을 훼손한 것입니다. 현대적인 의미로는 업무상 배임과 횡령이 되는 것입니다. 그런 행위가 적발될 경우 예전 같으면 사형에 처했을 테지만, 요즘에는 법적 책임을 물어 감옥에 가두죠.

Reference

나쁜 경영자와 분식회계

좋은 경영자를 위한 보상 스톡옵션과 우리사주제

이쯤 되면 선장 입장에서는 화가 날만도 합니다. 번 돈은 전부 주주들 것이고, 본인은 약속한 월급만 받다가 잘못을 저질렀다고 사형까지 당할 수 있으니까요. 아마도 선장은 일할 맛이 나지 않을 겁니다. 그래서 도입된 제도가 스톡옵션제도와 우리사주제 도입니다.

경영자의 능력을 중요하게 생각하는 미국에서는 선장에게 지분가치의 상승분에 대한 이익을 스톡옵션이란 형태의 보너스로 지급합니다. 스톡옵션은 미리 약속한 금액으로 주식을 살 수 있는 권리를 말합니다. 기업의 성과가 좋아 주가가 오른다면 경영자는 스톡옵션을 행사하여 미리 약속한 낮은 가격에 주식을 매수할 것입니다. 또 조직의 성과를 중요하게 생각하는 유럽에서는 우리사주제도를 도입하고 있습니다. 지분 일부를 종업원에게 나누어주어서 성장의 열매를 같이 나누는 것입니다.

어느 쪽이든 각자 입장에서 본인의 이익을 달성하기 위해 최선을 다하면 애덤 스미스가 말한 것처럼 '보이지 않는 손'에 의해서 최고의 성과가 나는 방향으로 발전하게 됩니다.

물론 그 와중에도 나쁜 경영자는 있기 마련이지요. 이런 경영자는 자신의 이익을 위해서 많은 사람에게 손실을 끼칩니다.

나쁜 경영자와 분식회계

주식회사의 장점은 손실은 투자금으로 제한되는 대신 수익은 무한대로 확장될 수 있다는 데 있습니다. 직접 회사를 경영하기보다는 유망한 회사를 찾아서 투자하는 것이 큰돈을 버는 기회라는 것을 알게 되자, 사람들은 좋은 회사를 찾아서 투자하기 시작했습니다.

자본시장이 커지고 좋은 회사의 주가가 오르면서 시장은 점차 안정되어갔습니다. 누구나 좋은 회사를 찾고 객관적으로 평가를 하다 보니 위험과 수익률을 고려한 합리적인 가격에서 주식의 가치가 결정됩니다. 여기서 도덕성에 문제가 있는 일부 경영자가 나쁜 생각을 하게 됩니다.

회사의 정보를 왜곡해서 좋은 회사가 저평가되어 있는 것처럼 보이게 하여 투자를 유치한 것입니다. 그렇게 비싸게 평가한 주식으로 조달한 자금을 사적인 이익을 위해 탕진하고는 또다시 회사 회계자료를 조작합니다. 자산이나 이익은 부풀이고 부채는 축소하는 등 재무제표에 분칠을 하는데, 이를 '분식회계'라고 합니다. 이처럼 비도덕적인 회사가 우리가 궁금해하고, 피하고자 하는 망할 회사입니다.

SUMMARY

Magic Chart

앞에서 살펴본 매직 차트들을 묶어서 통으로 읽어보겠습니다.
아울러서 조심해야 할 위험한 상태와 재무제표를 찾는 방법을 살펴보겠습니다.

✸ Small Magic Chart

① 자산이 부채보다 큰가?
② 영업이익이 나고 있는가?
③ 악성 채권이나 재고는 어떤가?
④ 유동자산이 유동부채보다 큰가?
⑤ 회사가치는 얼마까지 줄 수 있는가?

재무제표를 볼 때 가장 난감한 부분은 어디서부터 어떻게 봐야 할지를 모르겠다는 것입니다. 만약 제가 치킨집에 동업 제안을 받는다면 다음과 같은 단계를 거쳐 평가할 것입니다.

1. 제일 먼저 자산이 부채보다 큰지를 보겠습니다. 대략적인 부채와 자본의 크기를 비교하면 회사의 큰 그림을 그려볼 수 있습니다.
2. 한 해에 얼마나 버는지 확인할 것입니다. 영업을 통해서 얼마나 이익을 남길 수 있는지 장기적인 생존과 투자의 효율성을 판단하는 데 기준이 됩니다.
3. 쓸모없는 자산이 있지는 않은지 확인할 것입니다. 영업이 원활하게 진행되지 않아서 악성 채권이나 재고가 있고, 효율성이 떨어지는 설비만 있다면 제안을 재고할 것입니다.
4. 당장 유동성이 부족해서 망할 위험성은 없는지 확인할 것입니다.
5. 맨 마지막으로는 자산에서 부채를 뺀 금액을 기초 금액으로 하고, 영업이익을 바탕으로 회사의 대략적인 가치를 측정해서 프리미엄을 요구할 것입니다.

정리하자면 '얼마만큼 잘 벌고 있는가' 그리고 '망할 위험은 없는가'를 살펴보는 것이 경영 성과와 재산 상태를 파악하는 근본적인 질문이 될 것입니다.

(단위:)

[손익계산서]

구분	금액
매출액	
매출원가	
매출총이익	
판관비	
영업이익	
당기순이익	

(단위:)

[재무상태표]

자산		부채	
유동자산		유동부채	
		비유동부채	
		자본	
비유동자산		자본금/주발초	
		이익잉여금 등	
합계		합계	

✓ **순자산가치:**   **자산 − 부채 =**

✓ **순손익가치:**   **영업이익 × 배수 =**

Big Magic Chart

손익계산서		자산			
구분	**금액**	**구분**	**영업용 자산**		**금융·재테크자산**
매출액		유동 자산	매출 채권		현금
매출원가			재고 자산		단기 금융
매출총이익			기타		
판관비		비유동 자산	유형 자산		장기 금융
영업이익			무형 자산		자회사
당기순이익			기타		

$$매출총이익률 = \frac{매출총이익}{매출액}$$

$$영업이익률 = \frac{영업이익}{매출액}$$

$$당기순이익률 = \frac{당기순이익}{매출액}$$

$$이자보상비율 = \frac{영업이익}{이자비용}$$

$$매출채권회전율 = \frac{매출액}{평균매출채권}$$

$$재고자산회전율 = \frac{매출원가}{평균재고자산}$$

$$자산회전율 = \frac{매출액}{평균자산}$$

수익성지표

활동성지표

안정성지표

부채				
구분	영업용 부채		기타 부채	
유동 부채	매입채무		단기차입금	
	미지급금 (미지급비용/법인세)		유동성장기차입금	
	기타			
비유동 부채	장기미지급금		장기차입금	
	충당부채		사채	
	기타			

자본		
납입자본	자본금	
	자본잉여금	
	이익잉여금	
이익잉여금 등	기타포괄손익 누계액	
	자기주식	
	기타	

$$유동비율 = \frac{유동자산}{유동부채}$$

$$부채비율 = \frac{부채}{자기자본}$$

조금 더 욕심을 내볼 수도 있습니다. 단순히 회사가 이익을 내는지가 아니라 여러 측면을 깊이 따져보는 것입니다.

매출액을 기준으로 어느 정도 이익을 내고 있는지, 자산의 구성은 유동과 비유동의 비율이 어떤지, 유동자산의 순환은 잘 이루어지고 비유동자산의 투자는 적정한지, 부채는 어느 정도 규모이고, 감당이 가능한 수준 이내에 있는지 등을 살펴볼 수 있습니다.

처음부터 큰 그림을 잡기란 쉽지 않습니다. 그래서 이 부분은 맨 마지막에 살펴보겠다고 생각을 하고, 앞에서 살펴본 작은 차트부터 차례대로 작성해오기를 권합니다. 그렇게 하다 보면 좋은 결과가 있으리라 생각합니다.

WORK BOOK

관심 있는 회사의 재무제표를 직접 찾아보고,
매직 차트를 작성해서 회사를 분석해봅시다.

✸ Magic Chart 1

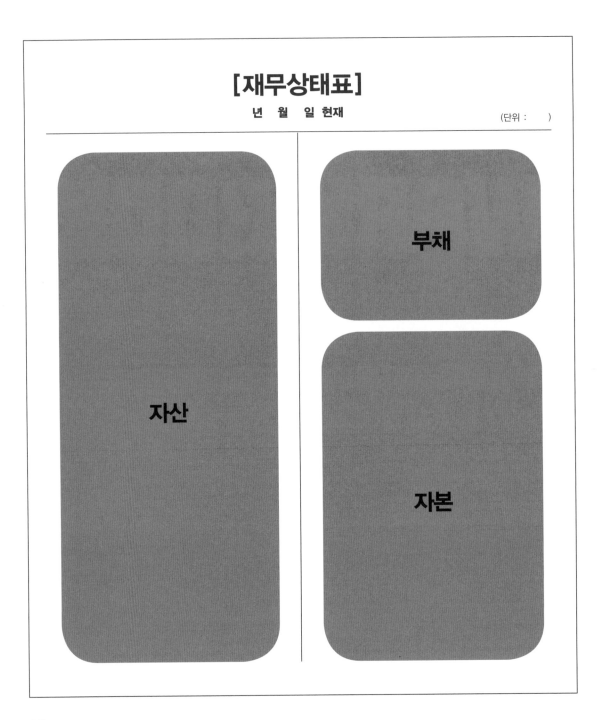

[재무상태표]
년 월 일 현재

(단위 :   )

자산

부채

자본

✖ Magic Chart 2

[손익계산서]
년 월 일부터 년 월 일까지

(단위 :   )

매출액		%
매출원가		%
매출총이익		%
판관비		%
		%
영업이익		%
		%
당기순이익		%

✷ Magic Chart 3

손익계산서	
구분	금액
매출액	
매출원가	
매출총이익	
판관비	
영업이익	
당기순이익	

자산				
구분		영업용자산	금융투자자산	
자산	유동자산	매출채권		현금
		재고자산		단기금융
		기타		
	비유동자산	유형자산		장기금융
		무형자산		자회사
		기타		

$$자산회전율 = \frac{매출액}{평균자산}$$

$$매출채권회전율 = \frac{매출액}{평균매출채권}$$

$$재고자산회전율 = \frac{매출원가}{평균재고자산}$$

✸ Magic Chart 4

자산	부채				
구분	**구분**	**영업용부채**		**금융부채**	
유동 자산	유동 부채 (%)	매입 채무		단기 차입금	
		미지급금 (미지급비용/ 법인세)		유동성 장기차입금	
		기타			
비유동 자산	비유동 부채 (%)	장기 미지급금		장기 차입금	
		충당 부채		사채	
		기타			

$$부채비율 = \frac{부채}{자기자본} \qquad 유동비율 = \frac{유동자산}{유동부채} \qquad 이자보상비율 = \frac{영업이익}{이자비용}$$

✭ Small Magic Chart

(단위:)

[손익계산서]

구분	금액
매출액	
매출원가	
매출총이익	
판관비	
영업이익	
당기순이익	

(단위:)

[재무상태표]

자산		부채	
유동자산		유동부채	
		비유동부채	
		자본	
비유동자산		자본금/주발초	
		이익 잉여금 등	
합계		합계	

✔ **순자산가치:** 자산 – 부채 =

✔ **순손익가치:** 영업이익 × 배수 =

❶ 자산이 부채보다 큰가?

❷ 영업이익이 나고 있는가?

❸ 악성 채권이나 재고는 어떤가?

❹ 유동자산이 유동부채보다 큰가?

❺ 회사가치는 얼마까지 줄 수 있는가?

✴ Big Magic Chart

손익계산서	
구분	금액
매출액	
매출원가	
매출총이익	
판관비	
영업이익	
당기순이익	

자산				
구분	영업용 자산		금융·재테크자산	
유동 자산	매출 채권		현금	
	재고 자산		단기 금융	
	기타			
비유동 자산	유형 자산		장기 금융	
	무형 자산		자회사	
	기타			

$$매출총이익률 = \frac{매출총이익}{매출액}$$

$$영업이익률 = \frac{영업이익}{매출액}$$

$$당기순이익률 = \frac{당기순이익}{매출액}$$

$$이자보상비율 = \frac{영업이익}{이자비용}$$

$$매출채권회전율 = \frac{매출액}{평균매출채권}$$

$$재고자산회전율 = \frac{매출원가}{평균재고자산}$$

$$자산회전율 = \frac{매출액}{평균자산}$$

수익성지표

활동성지표

안정성지표

	부채		
구분	영업용 부채		기타 부채
유동 부채	매입채무		단기차입금
	미지급금 (미지급비용/법인세)		유동성장기차입금
	기타		
비유동 부채	장기미지급금		장기차입금
	충당부채		사채
	기타		

	자본	
납입자본	자본금	
	자본잉여금	
	이익잉여금	
이익잉여금 등	기타포괄손익 누계액	
	자기주식	
	기타	

$$\text{유동비율} = \frac{\text{유동자산}}{\text{유동부채}}$$

$$\text{부채비율} = \frac{\text{부채}}{\text{자기자본}}$$

읽으면 진짜 재무제표 보이는 책

초판 1쇄 발행 2017년 11월 29일 **초판 20쇄 발행** 2024년 10월 11일

지은이 유홍관
펴낸이 최순영

출판2 본부장 박태근
경제경영 팀장 류혜정

펴낸곳 ㈜위즈덤하우스 **출판등록** 2000년 5월 23일 제13-1071호
주소 서울특별시 마포구 양화로 19 합정오피스빌딩 17층
전화 02) 2179-5600 **홈페이지** www.wisdomhouse.co.kr

ISBN 979-11-6220-114-5 03320